크리스찬의 자기관리

시간 계획과 자기 관리의 실제적 지침서

스테펀 더글라스

筍 출판사

MANAGING YOURSELF

by Stephen B. Douglass
Published by Here's Life Publishers, Inc.

Copyright 1978 by Campus Crusade for Christ, Inc.
All rights reserved.

1989/Korean by Soon Publishing House
Seoul, Korea

Translated and Published by Permission
Printed in Korea.

감사의 글

1978년 3월 24일, 부활절을 앞둔 성(聖) 금요일에 나의 아버지는 주님의 부름을 받았다. 그날은 아버지께서 나의 이 책 한 부분을 도와주시던 작업을 막 끝내시기 바로 전날이었다. 이러한 아버지의 특별한 도움 뿐아니라, 아버지와 어머니께서는 내가 개인 관리(Personal Management)에 대해 배움을 시작함에 있어 큰 역할을 하셨건만 나는 이 사실에 감사하지 못하고 너무 무심했었다. 나는 그분들이 일하실 때 '일을 위한' 목록을 사용하셔서 계획하신 일의 완성을 위해 하찮은 일에도 주저하지 않으시고 열심히 노력하시는 것을 보았다. 그분들은 나의 성장을 위해 훈계하시고 용기를 북돋아 주셨다.

내 아내 쥬디에게 고마움을 표시하고 싶다. 그녀는 내가 집필하는 동안에 인내를 가지고 나에게 용기를 복돋우어 주었으며 어떻게 하면 자신의 관리를 더 잘 할 수 있는가에 대한 모범을 보여 주었다. 더구나 완성된 원고의 최종 편집일을 도와 준 그녀에게 감사한다.

본서가 보다 완전한 책이 되도록 철저한 편집 작업을 해준 캐시 허치드에게도 깊이 감사한다. 개념이 분명하게 표현되기를 바라는 그녀의 예리한 견해와 강렬한 희망은 여러분들의 독서에 매우 큰 도움이 되게 하였다.

또한, 좀더 내용을 명확하게 하고 더 쉽게 기억할 수 있게 도운 로널드 딩맨에게도 감사한다. 자료 조사와 조언, 그리고 일반적인 도움을 준 프레드 웨스트에게도 감사한다. 비키 시와, 샐리 애드거, 베브 오스틴, 크리스 홀러와 다이아나 헤든 등이 타이핑 작업을 도우며 자원 봉사를 해 주어서 감사의 마음을 금할 수 없다. 집필과 편집에 있어서 결정적인 요소를 담담히 지적해 준 존 린치스와 보톰리의 능력을 기억하고 싶다.

서 문

스티브 더글라스는 그의 경건하고 질서있는 삶과 유능하며 효과적인 사역으로 볼 때, 〈크리스찬의 자기 관리(Managing Yourself)〉라고 하는 탁월하면서도 문제를 불러일으킬 만한 책의 저자로서 손색이 전혀 없다고 생각한다.

우리는 누구나 생활의 어느 한 시점이나 다른 경우에 있어서 보다 더 많은 시간의 필요를 느끼곤 한다. 우리는 하루 24시간 동안 우리가 하고 싶어하는 모든 것을 다 할 수는 없으리라고 느낀다. 때때로 우리는 우리의 생활이 여러 가지 활동과 복잡하게 얽혀 있기 때문에 압력을 받고 있다거나 걱정스러운 상태에 있는 자신을 느끼게 된다. 그러나 우리에게는 결코 피하지 못할 중요한 일들이 있다.

만약 당신이 이러한 예들 중 어떤 것을 경험했다면 나는 이 책이 야말로 당신을 위한 책이라고 생각한다. 스티브는 당신의 직업이 무엇이든간에 상관없이 유용하게 쓰여질 책을 출판했다. 왜냐하면 이 책은 실제적인 제안들을 담고 있고, 확실한 성경적 원리에 입각한 것이기 때문이다. 9년 동안이나 스티브와 가깝게 일하는 것은 나의 특권이었다. 이 기간 동안에 그는 행정적인 여러 일을 담당하는 부총재로서 수년 동안 봉사하면서 C.C.C.를 통한 주님의 사역에 헌신적으로 공헌해 왔다. 나는 그가 그의 책에 서술된 원리를 그의 직업적인 일과 개인적인 생활에 일관성있게 적용하는 것을 지켜보아 왔다.

나는 또한 좀더 의미 깊은 차원에서 이 책을 추천하고 싶다. 왜냐하면 크리스찬으로서의 우리는 주님을 위하여 우리의 시간을 최대한 활용할 수 있는 방법을 모색해야 하기 때문이다. 주님의 말씀은 우리에게 "이 어려운 시대에 당신의 행동을 신중하게 하라. 어리석은 자가 되지 말라. 지혜로와라. 선을 행하기 위해 당신이 가지고 있는 기회를 모두 사용하라(에베소서 5:15~16, Living Bible)"고 하신다. 〈크리스찬의 자기 관리〉는 당신이 하나님께 최대의 영광을 돌리며 매일매일 살아갈 수 있도록 확실하게 도와줄 것이다.

빌 브라일
국제 C.C.C.의 대표이자 창시자

차 례

감사의 글 ……………………………………………… 3
서 문 ………………………………………………… 4

제 1 부 자기 관리의 기본 요소들 …………………… 9
　제 1 장 서론 ………………………………………… 11
　제 2 장 자기 관리를 위한 영적 선행 조건 ………… 19
　제 3 장 장기간 계획을 세움 ………………………… 35
　제 4 장 당신의 시간을 계획하면서 ………………… 45
　제 5 장 당신의 계획을 실천하면서 ………………… 67
　제 6 장 시간을 배가시키는 방법 …………………… 81
　제 7 장 종합 정리와 준행 …………………………… 99

제 2 부 자기 관리를 위한 보다 효율적인 방법들 ······· 107
제 8 장 장기 계획 ························· 109
제 9 장 삶을 위한 하나님의 뜻을 아는 방법 ············ 131
제10장 한 주간의 계획 세우기 ················ 141
제11장 삶의 영적인 영역 ···················· 155
제12장 삶의 정신적 영역 ···················· 165
제13장 삶의 육체적 영역 ···················· 183
제14장 삶의 사회적 영역 ···················· 195
제15장 삶의 직업적 영역 ···················· 205
제16장 삶의 재정적 영역 ···················· 221
제17장 삶의 가정적 영역 ···················· 241
제18장 결 어 ····························· 257

제1부
자기 관리의 기본 요소들

제 1 장

서 론

 당신은 어느날 아침 '남쪽 밭'을 갈러 간다고 자기 아내에게 말했던 한 농부의 이야기를 들어 본 적이 있는가? 그는 트랙터에 기름을 넣기 위해 아침 일찍 출발했다.
 그런데 가는 도중에 기름이 떨어졌다. 그는 기름을 얻기 위해 주유소로 갔다. 주유소로 가는 길에 그는 돼지에게 밥을 주지 않았던 것을 깨달았다. 그래서 그는 옥수수 창고로 갔다. 거기서 먹이 자루를 발견했다. 그런데 그 자루들을 보자 그는 저장고에 있는 감자에 싹이 트고 있다는 것이 생각났다. 감자 구덩이를 향해 가는 길에 그는 장작더미 앞을 지나가게 되었는데, 집에서 아내가 장작을 부탁했던 사실이 생각났다. 몇 개의 나무 토막을 줍고 있을 때 병든 닭이 옆을 지나갔다. 그는 장작을 땅에 내려 놓고 그 닭을 쫓아갔다. 이미 황혼녁이 되었건만 그 낙심한 농부는 벌판에 홀로 세워둔 트랙터에 도달하지도 못했다.
 당신은 이와 비슷한 상황을 얼마나 경험해 보았는가? 당신이 중요하다고 생각했던 어떤 일을 시행하려다가 마음이 혼란스러워서 결국은 그 일을 하지 못했던 경험이 있을 것이다.
 혹은 당신이 늘 하고자 하는 어떤 일을 생각해 내기는 하지만 그것을 할 시간은 결코 없다. 같은 증거로 당신은 자신이 하는 일들 중 어떤 것이 시간 낭비라는 것을 알고 있는가? 만약 당신이 평범한 사람이라면 이런 경우에 있어서 특별한 일에 대한 질문과 생각에 "예"라고 대답했을 것이다. 우리는 오랫동안 한 가지 일을 하기 원하지만 끝내 그 일을 완성하지 못하면서도 같은 시간에 다른 여러 활동에 시간을 낭비하는 사실을 무심하게 받아들이는 것이 이상하지 않은가? 그 점이 바로 우리가 우리 자신을 관리하는 방법을 배울 필요가 있는 이유이다.

우리의 시간에 요구되는 것들

우리는 우리의 시간에 많은 요구 사항들과 직면한다. 사장은 새로운 계획안을 요구하고, 전화는 하루 종일 울려 대고, 사람들은 예상치 않게도 집으로 또는 사무실로 찾아오고, 텔리비전은 우리가 유쾌한 활동들을 즐겨야 한다고 말하고, 목사님은 우리에게 좀더 신앙에 몰두하라고 고무하시고, 아이들은 야구하며 놀자고 하고, 가족들은 외식하자고 하고… 당신은 어떤 소리에 익숙한가?

많은 선택 방법이 있다. 그러나 우리는 혼자서 다음에 해야 할 일을 결정해야만 한다. 우리는 환경에 의해 영향을 받아 결정할지도 모르며, 우리가 다른 사람에게 느끼는 의무감에 의해 결정할지도 모르고, 혹은 습관이나 전통에 의하여, 그리고 우리가 좋아하는 방식대로 결정할지도 모른다. 또한 의도적이거나 하나님의 영감을 받아 결정할지도 모른다, 우리는 한 가지 방식이나 또 다른 방식으로 결정을 한다. 급속히 변화하고 복잡한 이 세상에서 우리가 우리 자신의 선한 관리자이거나 청지기가 되는 법을 배운다면 그것은 우리에게 확실한 도움이 될 것이다. 이 책에서 제시하고 있는 원리들은 당신의 시간과 당신의 다른 자원들을 좀더 효과적으로 사용할 수 있도록 돕기 위한 것이다.

대부분의 사람들은 인생을 표류하고 있다.

나는 대부분의 사람들이 기본적으로 인생을 표류하고 있음을 절실하게 느낀다. 사람들은 학교에 다니는데, 그 이유는 법이 그것을 원하고 그들의 친구도 그 곳에 있기 때문이다. 또한 식탁 위에 음식을 놓고, 자동차에 기름을 넣기 위해 직업을 갖는다. 모든 사람이 결혼을 하기 때문에 그리고 자신이 점점 외로워지기 때문에 결혼을 한다. 사람들은 집을 사고, 교회에 참석하고, TV를 시청하고, 아이들을 키우고, 그리고 나서 은퇴를 한다. 왜냐하면 이러한 행위들이 '정상적인' 일로 여겨지기 때문이다.

이러한 행위나 다른 행위 과정에서 하나님의 특별한 지시를 찾기보다는, 많은 사람들이 충분한 기도와 깊이 사유(思惟)함이 없기에 결국은 하나님의 완전하신 뜻을 무시한 채 생활해 나가는 경향이 있다.

나는 많은 사람들이 자신의 과거 행위들을 회상하는 것을 보고는 그 행위들 대부분이 그들의 삶 속에 하나님의 뜻을 이루는 데에는 기본적으로 무의미하고 무가치했다고 결론을 내렸다. 아마도 그들은 잘못된 직업을 선택했든지, 결혼을 잘못했든지, 혹은 좋지 못한 공동체에 정착했을 것이다. 그 모든 원인은 그들이 하나님께 귀기울이지 않았고 하나님의 지시를 진실로 따르지 않았기 때문이다.

하나님께서는 자아의 선한 관리를 기대하신다.

당신은 마태복음 25장 14절에서 30절에 자세히 열거한 달란트의 비유를 기억하는가? 예수님은 한 주인이 멀리 떠나 있는 동안 그의 세 종들에게 돈[재능]을 관리하도록 맡겼다는 예를 들고 있다. 주인은 한 종에게는 다섯 달란트를, 다른 종에게는 두 달란트를, 세째 종에게는 한 달란트를 주었다. 그 주인이 집에 돌아오자 세 종들에게 그 돈에 대해 보고할 것을 명했고, 다섯 달란트와 두 달란트를 받은 종들은 각각 보상을 받았다. 왜냐하면 그 두 종들은 그들의 달란트를 지혜롭게 관리함으로 두 배를 남겼기 때문이다. 그러나 세번째 종은 그의 달란트로 아무런 일도 하지 않았다. 이러한 불충실한 행동 때문에 그는 아무런 대가도 받지 못했고, 실제로는 그의 달란트마저 빼앗기고, 벌을 받게 되었다.

여기에서 우리가 크리스찬으로서 배운 중요한 교훈 중 하나는 하나님께서는 우리의 달란트가 무엇이든지 풍성히 열매 맺도록 잘 관리하기를 기대하신다는 사실이다. 종종 우리는 하나님의 축복을 돈이나 물질적인 면에서만 생각한다. 그러나 시간 또한 우리 모두에게 매일 공평하게 주시는 하나님의 선물이다. 하나님은 또한 우리가 시간을 지혜롭게 사용할 것을 명령하시며 기대하고 계신다. '그런즉 너희가 어떻게 행할 것을 자세히 주의하여 지혜 없는 자 같이 말고 오직 지혜 있는 자 같이 하여 세월을 아끼라 때가 악하니라(에베소서 5 : 15, 16)'

시간의 유용한 관리는 가능하다.

다행히도 우리 모두를 위하여, 하나님께서는 환경의 흐름과 인생의 가능성 속에서 표류하는 우리의 습성을 잘 알고 계신다. 그래서 우리에게 시간을 지혜롭게 사용할 것을 명령하시면서 우리가 그렇게 할 수 있도록 가능성을 부여하셨다. 성령의 아홉번째 열매는 절제인데(갈라디아서 5 : 23), 신약 성경에서 쓰인 이 용어는 헬라어로 '힘을 조절함'이라는 의미이다. 하나님을 믿고 성령 안에 거할 때에(우리가 제2장에서 더 상세히 배울), 우리는 실제적으로 우리의 시간을 관리하는 방법 면에서 잘 조절할 수 있는 힘을 지니게 된다.

하나님께서 우리가 이러한 삶을 살도록 계획하셨다는 것은 정말 놀라운 일이다. 성령의 다른 열매들을 가지고 있다 하더라도 우리는 하나님께서 우리의 삶 중에 더욱 적극적이고 효과적인 부분을 이 절제의 영역으로 만드셨음을 믿을 필요가 있다.

하나님께서는 우리의 삶에 대한 놀라운 계획을 우리 각자에게 제공하신다. 요한복음 10장 10절에서 예수님은 '내가 온 것은 양으로 생명을 얻게 하고 더 풍성히 얻게 하려는 것이라'고 말씀하신다. 당신의 자아 관리는 그 계획을 발견하고 그것을 실행에 옮기는 것을 포함한다. 그것을 생각해 볼 때 진정 당신은 인생에서 어떤 적은 것을 원하는가?

자아를 관리하는 방법

이 책을 쓰게 된 나의 주된 목적은 하나님이 당신에게 주신 삶을 보다 더 잘 관리하는데 도움을 주기 위함이다. 최소한 나의 바람은 당신이 다음에 기록된 사항을 잘 배우는 것이다.

1. 당신의 삶을 위한 목표를 설정하는 방법
2. 6개월에서 12개월이 지난 후에 완성과 발전을 바라는 당신의 생활 영역을 결정하는 방법, 그리고 완성이나 발전을 이루기 위한 최선의 길을 결정하는 방법
3. 최고의 우선 순위를 수행하기 위하여 매일매일 계획을 세우는 방법
4. 매일매일 실제로 계획한 것을 이행해 나가는 방법
5. 하나님과 밀접하게 생활하며 하나님의 지시하심에 귀를 기울이는 방법

나의 바람은 당신이 이러한 과정을 배울 뿐만 아니라 읽는 동안 최소한 몇 가지라도 실제로 실천해 보는 것이다. 왜냐하면 이 모든 것을 단순하게 배우는 것 보다는 그 과정 중 하나 혹은 두 가지를 실제 적용해 보는 것이 훨씬 낫기 때문이다.

단순하지만 강력한 공식

나는 문제, 결정, 기회, 새로운 정보와 같은 것을 나의 생활 속에서 처리하는 3중의 공식을 발견했다. 이렇게 단순하고도 강력한 공식은 순서에 있어서 기도, 사고와 행동에 관련되어 있다.

첫째, 나는 환경 속에서 지혜와 힘을 특별히 예비하시는 하나님을 믿는다.

둘째, 나는 내가 해결점, 결심, 대책을 강구하려고 할 때 하나님께서는 이미 나의 마음 속에서 일을 시작하고 계신다고 생각한다. 이 과정에 도움이 되는 많은 기술들이 있는데, 이러한 것은 다음 장에서 앞으로 상세히 다루어질 것이다.

셋째, 나는 실행하려고 애쓴다. 왜냐하면 해결점 모색은 해결을 지어주는 것이 아니기 때문이다. 야고보는 다음과 같이 충고한다. '말씀을 단지 듣는 자가 되지 말고 당신 자신이 행하는 자가 됨을 증명하라(야고보서 1 : 22)'

이 책의 목적을 다시 말하면, 당신의 자아 관리를 개선시키는 실제적인 도움을 주기 위함이다. 생활의 태도나 습관이 변화하는 데에는 많은 시간이 요구된다. 당신은 이러한 주제에 대해서 많은 것을 읽을 수 있다. 그러나 당신이 읽은 것을 당신 자신의 생활에 적용시키지 않는다면 당신에게는 변화가 없을 것이다. 당신이 이 책을 읽은 후에는 아마도 그런 개념을 실천하는데 도움을 줄 뿐만 아니라 동기를 부여해 줄 것이기 때문에 나는 당신이 이 책을 손쉬운 곳에 놓았다가 시시 때때로 적절하게 기도하고 사유(思惟)하고 적용할 것을 권하고 싶다.

당신의 생활에 특별히 필요하다고 느끼는 개념을 읽게 될 때에는 잠시 읽는 것을 멈추고 그 개념에 초점을 맞추어라. 그리고 그것이 당신의 삶의 일부분이 되도록 하나님께 창조적인 개념들을 간구하라. 예를 들어, 당신은 그것을 집에서나 직장에서 당신 스스로 생각나게 할 수도 있다. 어찌하든 그 개념이 당신의 삶의 일부분이 되도록, 비록 작은 것일지라도 매일 실천하도록 최선을 다하라. 그것이 습관처럼 될 때까지 계속 실천해 나갈 수 있도록 개인적 동기 부여와 원칙을 놓고 기도하라. 또한 당신의 삶 속에서 이러한 면으로 하나님께서 역사하시도록 반드시 기도를 해야한다.

두 부류의 책

이해를 돕기 위해서 이 책은 2개의 기본적인 부분으로 나뉘어 졌다. 제 1부는 자아 관리의 기본적인 개념을 쉽고도 신속하게 가르칠 수 있도록 되어 있다. 만약 당신이 이 부분을 읽는다면 자아 관리의 정보를 얻을 것이고, 그것을 적용한다면 확고하게 당신의 삶에 효과와 만족을 증진시킬 것이다.

제 2부에서는 제 1부에서 배운 내용을 보충하였고, 관심있는 독자에게는 제 1부에 소개된 다양한 화제들에 대한 경험을 더욱 심도 깊게 연구할 수 있도록 고안되었다. 예를 들어, 제 1부 안에 있는 계획과 관련된 장에서 당신은 스스로가 처음 떠올린 생각들을 종이에 간단하게 적어 봄으로써 당신의 삶의 목표에 대한 생각을 시작하도록 고무시키게 된다.

제 2부에 담긴 이 과정은 좀더 심도있게 다루었기 때문에 당신은 당신의 삶 중에 다양하면서도 특별한 영역을 위한 계획과 관련된 많은 자료를 얻을 것이다. 제 1부에서 당신에게 발생하지 않았던 개인적 필요에 대해서 생각해 보도록 여기서 자극을 받게 될 것이다.

2장에서는 자아 관리에 대한 영적 선행 조건을 언급하고 있다. 당신의 생동감있는 하나님과의 관계를 위한 이러한 모든 선행 조건의 중요성은 아무리 강조해도 모자라는 듯하다. 하나님과 함께 동행하는 것은 당신의 자아 관리를 잘 하는 데에 가장 의미있는 요소이다.

18 크리스찬의 자기 관리

제 2 장

자기 관리를 위한
영적 선행조건

나는 종종 어떤 기회나 문제에 대한 하나님의 뜻을 어떻게 알 수 있는가 라는 질문을 받곤 한다. 나의 대답은 항상 다음과 같이 시작된다. "만약 당신이 하나님과 함께 동행하면 그 분의 뜻을 알 것입니다." 우리는 이 책에서 당신의 삶을 가장 가치있게 하는 모든 방법 중에 하나님과 순간순간 동행해 나가는 것보다 더 효과적인 것은 없다는 사실을 토론할 것이다.

하나님은 충고하시기에 가장 합당하다.

이것이 왜 합당한지 알아보기 위해서 하나님의 속성을 생각해 보기로 하자. 만물들 중에 그 분은 우주의 창조자이며 영원함과 모든 지혜와 모든 능력을 가지신 분이다. 그 분은 진리이시기 때문에 그가 하신 모든 말씀은 완전히 신뢰할 만하다. 그 분은 사랑이시며 친절이시다. 그래서 그 분은 그의 자녀들이 모든 일에 잘 되어지도록 보살펴 주신다.

그러면 이와 같이 모든 것을 다 아시는 하나님께서 당신의 시간을 어떻게 사용해야 하는지 가장 잘 알고 계실 것이라는 말이 이치에 맞지 않는가?

그리고 하나님께서는 당신이 최선의 삶을 살기를 원하시기 때문에 당신에게 그러한 지식을 기꺼이 나눠 주시려고 하지 않겠는가? 정말 그렇다!

성경은 하나님께서 우리가 최선의 삶을 살도록 돕고 계시다는 것을 확신시켜 준다. 리빙 바이블(Living Bible)에 기록된 시편 32편 8절에 약속된 예를 보면, '주께서 말씀하시기를 내가 너를 교훈하며 너의 인생의 가장 평탄한 길로 너를 안내하리라 내가 너를 충고하며 너의 발전을 지켜보리라'고 기록되었다. 성경은 우리에게 하나님은 작은 일이나 큰 일이나 일정한 기초 위에서 위안과 해결을 주시기에 합당하다는 사실을 더욱 확신시켜 준다. '너희 중에 누구든지 지혜가 부족하거든 모든 사람에게 후히 주시고 꾸짖지 아니하시는 하나님께 구하라 그러면 주시리라(야고보서 1:5)'

'구하라 그러면 너희에게 주실 것이요 찾으라 그러면 찾을 것이요 문을 두드리라 그러면 너희에게 열릴 것이니(마태복음 7:7)'

하나님께서는 우리에게 가장 좋은 것이 무엇인지 알고 계시며, 또한 우리를 돌보아 주신다. 우리 모두가 진정 해야 할 일은 믿음으로 우리의 삶을 위한 하나님의 지혜를 간구하는 것이다.

우리는 하나님을 신뢰하지 않는다.

믿기 어려울지 모르지만, 다수의 그리스도인들은 하나님께서 제공하시는 매일매일의 지혜를 전적으로 신뢰하지 않는다.

심지어 독실한 그리스도인들조차 하루 중 식사 전 아침 묵상 시간과 잠자기 전에 단지 몇 분 동안 기도를 하는데 이러한 그들의 기도는 지혜를 구하는 기도이기 보다는 보통 감사의 기도 형태이다.

사실 많은 그리스도인들은 그들이 곤경에 빠졌을 때에 하나님께 도움을 구한다. 그들은 스스로 최선을 다했지만 그것이 충분하지 못할 때나 난감한 상태에서 기적이나 특별한 통찰력을 요구하면서 하나님께 도움을 요청하려고 생각한다. "나는 결코 많이 기도하는 사람은 아니었지만 그 상황에서 하나님께 도움을 요청하였고 그 대가로 나는 하나님께 나의 남은 인생을 …할 것이라고 말했읍니다."와 같은 이야기를 당신은 들어 본 적이 있는가?

다수의 그리스도인들은 하나님의 무한한 지혜를 구하기 보다는 좀더 높은 학력을 소유하기 위해 수년 동안 정신적인 고통을 감수하면서까지 먼 거리를 여행하는 등으로 많은 시간과 돈을 소모한다.

그것을 믿을 수 없는가? 여기에서 우리는 하나님과 관계를 맺어 교제하는 특권과 언제 어느 때나 무슨 일에도 그의 지혜로부터 유익을 얻는 특권을 가지고 있을 뿐만 아니라 (히브리서 10 : 19), 그 특권들을 사용하는 데에 실패하지도 않는다.

하나님과 동행하는 방법

아마도 많은 사람들에게는 하나님과 가까이 하는 방법을 알지 못하는 것이 그들의 문제일지도 모른다. 이 장의 나머지 부분에서 하나님과 동행함을 더욱 지속시킬 수 있는 4개의 개념을 당신과 함께 나누고자 한다.

1. 당신이 그리스도인임을 확신하는 방법
2. 하나님의 사랑과 용서를 체험하는 방법
3. 성령 충만함을 받는 방법
4. 성령 안에서 살아가는 방법

이 자료는 빌 브라잍 박사가 쓰고 C.C.C.에서 펴낸 *〈쉽게 전수할 수 있는 신앙 개념(Transferable Concepts)〉이라 불리는 소책자 시리즈에 실려 있다. 진실로 이러한 개념들은 하나님의 계획에 따라 당신 자신을 관리할 수 있는 선행 조건이다.

---

*〈쉽게 전수할 수 있는 신앙 개념〉 시리즈는 전 9 권으로, 한글판은 1986년 순출판사에서 펴냈다.

선행 조건 1 : 당신이 그리스도인임을 확신할 것

당신 자신을 성공적으로 잘 관리할 수 있는 영적인 선행 조건 중에 첫번째 조건은 당신과 그리스도와의 관계를 확신하는 것이다. 만약 당신이 그리스도인이 아니라면 당신은 하나님께서 믿는 사람들에게 제공하시는 지혜와 인도하심에 쉽게 접근할 수 없을 것이다. 또한 당신이 그리스도 안에서 당신의 위치를 확고히 하지 않았다면 지혜와 인도하심을 얻어야 할 때에 당신 스스로 하나님을 신뢰하지 못하게 될 것이다.

그리스도인이 되기 위해서는 무엇이 포함되어야 하는가? 그것은 당신이 죄를 지었다는 것과(로마서 3 : 23) 이 죄는 하나님과 당신을 갈라놓는다는(로마서 6 : 23) 사실에 대해 동의하는 것을 포함한다. 또한 그것은 그리스도가 당신을 대신해서 죽으신 것이며(로마서 5 : 8), 당신의 삶에 그 분을 초대하는 것이며(요한계시록 3 : 20), 당신의 죄를 용서하셔서(에베소서 1 : 7 ; 고린도전서 15 : 3) 당신과 하나님 사이에 생겼던 간격을 이어주신다는 것을 인식하도록 한다(요한복음 14 : 6). 만약 당신이 당신의 생활에서 그리스도를 따르고, 그리스도를 통해 하나님의 용서를 믿을 수 있다고 말한다면 그때 당신은 당신이 그리스도인이라는 것을 알 수 있다.

하나님과 그 분의 말씀에 대한 믿음

당신이 그리스도인이라는 확신 중에 가장 중요한 것은 하나님과 그 분의 말씀에 대한 믿음이다. 예수님께서는 요한계시록 3장 20절에 '볼지어다 내가 문 밖에 서서 두드리노니 누구든지 내 음성을 듣고 문을 열면 내가 그에게로 들어가…'라고 말씀하셨다. 하나님은 완전한 분이시기 때문에 우리는 그가 어떤 일을 할 것이라고 말씀하셨을 때 실제로 그것을 행하실 분임은 의심의 여지 없이 알 수 있다. 그러므로,

만약 당신이 당신의 의지의 행동으로써 진실로 그리스도께 당신의 마음문을 열면 그 분이 실제로 당신의 삶 속에 들어오심을 알 수 있다. 왜냐하면 그 분은 당신을 속이지 않기 때문이다.

우리의 삶 속에 하나님이 현존하심

하나님과 그 분의 말씀에 대한 믿음은 당신이 그리스도인이라는 사실에 대한 외적 증거이다. 당신은 또한 당신 생활에 하나님이 현존하심을 감지할 수 있다. 우리는 요한일서 5장 10절에서 '하나님의 아들을 믿는 자는 자기 안에 증거가 있고…'라고 말씀하신 것을 듣는다.

당신의 삶 속에 나타난 하나님의 영이 행하신 일 중의 하나는 당신에게 하나님에 대한 지식을 가르치신 것이고, 당신에게 필요할 때에는 그 지식들을 보여주시고 기억나게 하신 것이다. 당신이 성경을 읽을 때에, 전에는 그 뜻을 알지 못하여 몇 페이지씩 건너 뛰곤 했었던 부분이 당신의 생활 속에 나타났던 경험은 없는가? 그것은 아마도 당신의 삶 속에 나타난 성령의 역사일 것이다. 한때는 몹시 지겹고 자신과는 관계없는 듯한 책이었던 성경이, 당신이 그리스도인이 된 이래로 당신에게 최상의 흥미와 의미를 주는 책이 되었다는 사실이 이상하게 보이지는 않는가? 이것 또한 성령의 역사이다. 당신이 어떤 일을 하려고 할 때 성경 중에 어떤 한 구절이 갑자기 떠올라서 그 일이 옳지 못하다는 것을 깨닫고 그 일을 하지 않은 경험이 있는가? 이것 역시 성령이 당신 안에서 일하시는 것이다. 만약 이러한 일들이 당신의 삶 속에 일어나고 있다면 그것은 당신이 진정한 그리스도인임을 증명하는 것이다.

만약 그리스도가 당신의 삶에 들어가셨다면 당신은 그리스도께서 이러한 변화를 주신다고 믿는 범위 내에서 당신의 삶이 확실하게 변화되는 것을 볼 수 있을 것이다. 그것은 바로 하나님의 아들의 형상

(로마서 8 : 29)과 당신이 같아지게 하려는 하나님의 의도이며 우리 모두에게 변화를 주시려는 하나님의 의도이다.

내가 그리스도인이 된 후, 특별히 하나님을 순간순간 신뢰하는 법을 배운 후에 나 자신의 삶은 때때로 내가 생각하지 못했던 면에서조차 변화되기 시작했다. 나의 생각들도 변했고 나의 행동들도 많이 변했다. 그리고 나는 하나님께 순종하여 하나님을 기쁘게 해드리려는 욕구가 증가되었다. 당신은 당신의 삶 속에서 이런 종류의 경험을 해 보아야만 한다. 물론 당신은 당신의 삶 속에 변화를 일으키는 하나님을 거부할 수도 있다. 만약 당신이 그리스도인이 되기를 거부한다면 당신은 당신 스스로가 매우 좌절되었거나 불행하다는 것을 느낄 것이다. 이 또한 당신의 삶 속에 하나님이 현존하신다는 증거이다.

당신은 그리스도인이 될 수 있다.

당신은 그리스도인이 되는 방법과 당신과 하나님과의 관계를 확신하는 방법을 읽으면서 당신이 그리스도인이 아니라는 것을 깨달았을지도 모른다. 당신은 당신의 삶 속에 용서받아야 할 죄가 있다는 사실을 단순히 인식하고 예수님이 당신의 삶 속에 들어와 그가 원하는 모습으로 당신 자신이 새롭게 되도록 예수님께 요청함으로써 그 분을 즉시로 받아들일 수 있다. '영접하는 모든 사람들 뿐만 아니라 그의 이름을 믿는 자들에게까지 하나님이 자녀가 되는 권세를 주셨다(요한복음 1 : 12)'

다음은 제안된 기도이다. "주 예수님, 나는 주님이 필요합니다. 내 마음의 문을 열고 예수님을 나의 구주, 나의 하나님으로 영접합니다. 나의 죄를 용서하시니 감사합니다. 나를 다스려 주시고, 주님이 원하시는 사람으로 만들어 주옵소서." 만약 이 기도가 당신의 마음에 든다면 지금 바로 기도를 드리고 주님이 당신의 삶 속에 들어오셔서 당신과의 관계를 새롭게 확립시켜 달라고 요청하라.

만약 당신이 이 기도대로 기도했다면, 계속해서 읽어 온 그리스도인임을 확신하는 이 부분을 다시 읽어라. 더 자세한 도움과 정보가 필요하다면 우 100-610 서울 중앙우체국 사서함 1042호 한국대학생선교회(C.C.C)로 편지를 하라.

선행 조건 2 : 하나님의 사랑과 용서를 체험할 것

관계(relationship) 대 친교(fellowship)

당신이 그리스도인이 되었을 때 하나님과 당신의 관계는 아버지와 아들의 관계가 되었다(요한복음 1 : 12). 또한 당신은 하나님과의 관계가 더욱 친밀하게 되었다. 그리스도인으로서의 당신은 직접 하나님과 대화할 수 있으며, 당신을 위한 최선의 길에 관한 지시를 받을 수 있다(시편 32 : 8).

당신이 죄를 지었을 때, 하나님과 당신과의 관계가 끊어지는 것은 아니다. 비록 당신이 부모님과의 마찰로 인해 육신의 관계를 끊을지라도 하나님과의 영적 자녀의 관계는 끊어지지 않는다.

그러나 당신이 죄를 지을 때 하나님과의 밀접한 친분 관계는 훼방을 받는다. 요한일서 1장에서 하나님과의 관계를 묘사하기 위하여 쓰여진 단어는 '공동적으로 나눈다'는 뜻을 의미한다. 우리가 죄를 지을 때 전체적으로 하나님과 '함께 공동으로 나누는' 삶의 형태가 멈추게 된다(요한일서 1 : 5,6). 우리는 하나님과 대화하기를 갈망하지 않는다. 왜냐하면 우리는 죄의식을 느끼며 우리의 죄로 인하여 당황하기 때문이다. 이 때에 하나님과의 우리의 친분 관계는 점차로 식어지게 된다.

고백이 해결 방법이다.

다행히도 하나님께서는 우리가 죄를 지을 것을 예측하시고(요한일서 2 : 1) 하나님의 용서하심을 체험하는 것과 하나님과의 밀접한 친분 관계를 회복하는 방법을 제공하셨다. 요한일서 1장 9절은 '만일 우리가 죄를 자백하면 저는 미쁘시고 의로우사 우리 죄를 사하시며 모든 불의에서 우리를 깨끗케 하실 것이요'라고 진술한다. 원어에서 '고백'이란 단어는 '같은 것을 말하다' 혹은 '동의하다'라는 의미이다. 만약 우리가 어떤 문제에서 하나님께 동의하지 않은 죄가 나타난다면 우리는 그때 하나님과의 관계를 회복시키기 위해 우리 죄에 대해 즉시 동의해야만 한다.

인간의 죄의식은 하나님과의 대화를 가로 막기 때문에 당신은 하나님의 사랑과 용서를 체험한 사실을 하나님께 말해야 한다. 당신이 행한 일들을 가지고 하나님과 일대일로 대면하게 될 때, 당신의 그릇된 행위나 태도가 잘못되었음을 인정하고 회개함으로써 당신은 당신의 마음 속에 부어지는 하나님의 사랑과 용서를 체험하게 된다. 이것은 하나님의 약속을 근거하여 지성적으로 알 수 있는 것일 뿐만 아니라 안도감이나 행복감과 같은 것을 느낄 수 있는 용서이다. 죄에 대한 이러한 고백은 죄를 범한 사실에 대한 진정한 회개와 다시는 죄를 짓지 않겠다는 진지한 소망을 포함한다. 단순히 우리가 회개에 대한 충분한 의지를 가지고 어떤 것이 죄이다라고 인식만 한다면 그것으로 용서를 불러일으키지는 않을 것이다.

당신의 죄들을 제거하라.

아마도 당신은 얼마 동안은 그리스도인이었는데 지금은 당신의 삶 속에서 하나님이 활동하지 않는다고 여기고 있을지도 모른다. 고백하지 않은 어떤 죄가 하나님과 당신 사이에 장벽을 치고 당신을 위한 하나님의 노력을 차단하고 있을 수가 있다.

만약 이런 경우라면 당신은 왜 지금 당장 이 죄를 제거하지 않는가? 먼저, 하나님께 고백하지 않은 죄를 깨닫게 해 달라고 구하라. 그 모든 죄를 종이에 간단히 적어라. 자신을 분석하듯이 하지 말고 하나님께서 당신에게 생각나게 해 주시는 죄를 간단히 적어라.

그 죄의 목록을 다 완성했을 때 요한일서 1장 9절에 있는 '만일 우리가 우리 죄를 자백하면 저는 미쁘시고 의로우사 우리 죄를 사하시며 모든 불의에서 우리를 깨끗케 하실 것이요'라는 하나님의 약속을 적어라.

지금 당신이 기록한 목록이 죄라고 하나님께 동의한다면, 그리고 당신의 그릇된 행동들이나 생각들을 진정으로 뉘우친다면, 그리고 비록 당신이 약하여 그와 같은 죄를 다시 짓는다고 할지라도 그것은 당신이 진정으로 바라던 바가 아니라면, 당신은 그 죄에 대한 대가로 예수님이 죽으셨다는 근거 위에 당신의 죄가 용서받았기 때문에 하나님께 감사할 수 있다.

이러한 죄와 관련된 다른 것에 대해서도 당신이 용서를 구하도록 인도하여 주실 것을 위하여 기도하라. 그리고 나서 당신의 죄의 목록을 없애면 당신은 용서받았음을 알게 된다.

선행 조건 3 : 성령으로 충만할 것

당신은 사도 바울의 상황과 연관시켜 설명할 수 있는가? 그의 문제점이 여기 있다. 곧 '내가 무슨 일을 하든지간에 나는 옳은 일을 할 수 없었다. 나는 옳은 일을 원했으나 할 수가 없었다. 내가 선한 일을 하고자 했을 때 나는 하지 않았으며 내가 악을 행치 않으려고 노력했으나 어찌 된 일인지 나는 악을 행했다…. 내가 옳은 일을 하기 원했을 때 악을 행하는 것이 필연적인 나의 인생인 것 같다(로마서 7 : 18~21, Living Bible)'.

우리 자신의 힘이 아닌 어떤 힘

로마서 8장에서 바울은 인간이 결코 자신의 힘만으로 그리스도인의 삶을 살 수는 없다고 말한다. 우리들 중에 의지력이 있고 잘 훈련된 사람들도 결국은 유혹에 빠지고 능력의 한계로 실패한다. 우리의 오래된 죄의 본질은 우리의 선한 의지를 삼켜 버린다.

그런 경우라면 하나님께서 부당하게도 수행하기 불가능한 기준을 우리에게 왜 요구하시겠는가? 그 대답은 하나님께서 우리가 그리스도인의 삶을 살기를 결코 원하지 않는다는 가정하에 이루어진다. 그러나 하나님께서는 우리 안에서 그리고 우리를 통해서 그리스도인의 삶을 살기 원하신다.

이 개념을 이해하기 위해서 당신이 그리스도인이 되었을 때로 되돌아가 보자. 당신의 삶 속에 그리스도를 영접하였을 때 당신은 또한 하나님의 영도 실제로 영접한 것이다(에베소서 1:13,14 ; 골로새서 2:9,10). 성령은 그리스도인의 삶을 사는데 필요한 모든 자원, 곧 능력과 지혜 그리고 영원한 유효성을 가지고 계신다.

성령은 그리스도인의 삶을 살고자 하는 사람이 의지해야 할 힘의 근원이다. 사실, 에베소서 5장 18절에서 하나님께서는 우리에게 '성령의 충만을 받으라'고 실제로 명령하신다. 이것은 우리가 성령에 의해 인도되고 능력을 입게 될 것이라고 명령 받았음을 말한다.

두 종류의 사람

고린도전서 2장 15절부터 3장 3절까지에서 우리는 그리스도인이 영적, 혹은 육적인 두 가지 상태 중에 하나의 형태일 수 있음을 배운다. 대학생선교회에서는 다음과 같은 원을 가지고 이런 두 가지의 가능성을 나타내고 있다.

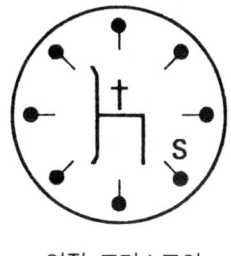
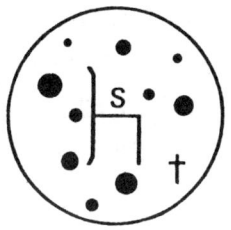

영적 그리스도인   육적 그리스도인

†＝그리스도
S＝자신
● 삶 속에서의 행동
ｈ 생활의 왕좌, 혹은 조절 중심

　위의 원은 그리스도인의 두 가지 종류의 삶을 제시한다. 이 원들 안에서 각각의 십자가에 의하여 나타나는 것처럼 각각의 사람들은 그리스도를 받아들였다. 영적 그리스도인은 그리스도를 자신의 삶의 왕좌에 모신다. 즉 그가 성령에 의하여 인도되고 능력을 얻게 될 때 그의 생활을 그리스도가 이끌어가시도록 허락하는 것이다.
　육적인 그리스도인은 그의 삶의 왕좌에 자신을 놓는다. 그는 하나님의 인도하심과 능력의 도움 없이 혼자서 자신의 삶을 운영한다. 영적 그리스도인의 삶에서는 그림의 점들에 의하여 나타나듯이 모든 행위가 균형잡혀 있음을 알 수 있다. 이것은 하나님의 계획과 조화를 이룬 사람들이 즐기는 평화, 기쁨 그리고 의도된 일임을 나타낸다. 육적 그리스도인의 삶은 무질서하며 하나님의 계획과 조화를 이루지 못하여 불화와 좌절을 초래하는 결과를 나타낸다.
　이 그림 중 어느 그림이 당신의 삶을 나타내고 있는가? 왼쪽 원인가? 영적 그리스도인의 특성 중 몇 가지는 다음과 같은 것을 포함한다. 그는 그리스도 중심적이며, 성령의 능력을 받고, 다른 사람들을 그리스도께 소개하고, 효과적인 기도 생활을 하며, 하나님의 말씀을 이해하고, 하나님을 신뢰하고 그 분께 순종할 수 있으며, 자신이 영적으로 성숙할수록 그리고 그리스도께서 성령의 열매를 더 맺게 해 주실 것이라고 믿을 때에 그의 삶 속에서 성령의 열매를 더욱 많이 맺는 것이다. 갈라디아서 5장 22, 23절에 기록된 바와 같이 그 열매들은 사랑, 기쁨, 평화, 인내, 친절, 선함, 충성, 온유, 그리고 절제이다.

혹은 오른쪽의 원이 당신의 삶을 나타내고 있는가? 육적 그리스도인의 삶은 불신앙, 불순종, 빈약한 기도 생활, 불규칙한 영적 경험, 성경 공부에 대한 열의 부족, 더러운 생각들, 질투, 죄의식, 걱정, 불안, 좌절, 무목적 등으로 특징지어 진다.

영적인 그리스도인이 되라.

비록 당신이 오른쪽 원과 관련되어 있으나 진실로 당신이 그리스도 중심의 삶을 갈망한다면 지금 당장 그런 잘못된 점들을 제거하지 못할 이유는 없다. 선행되어야 할 조건에는 성령에 의해 인도되고 능력을 받고자 하는 신실한 열망과, 당신의 죄를 고백하는 것과, 에베소서 5장 18절에 있는 하나님의 명령에 따라 성령의 충만함을 구하는 신앙, 그리고 요한일서 5장 14, 15절에 있는 하나님의 약속과 같이 하나님의 뜻대로 기도할 때 하나님께서 응답하실 것을 믿는 믿음을 포함하고 있다.

당신이 예전에 그렇게 하지 않았다면 당신의 죄를 고백하고 하나님께 당신 삶의 왕좌를 돌보아 주시도록 간구하는 시간을 가져 보는 것이 어떻겠는가? 하나님이 명령하신 것과 같이 당신이 성령 충만하게 되도록 하나님께 구하라. 그리고 그 분께서 그렇게 행하실 것이라고 알고 있으라. 왜냐하면 당신의 요구는 하나님의 뜻에 따른 것이기 때문이다. 당신의 특권은 하나님과 그 분의 말씀에 대한 믿음이다.

마지막으로 그 분이 행하실 것을 약속하신 것처럼 당신을 성령으로 충만케 하시는 하나님께 감사하라. 그 후에 하나님께서 알고 계시는 최선의 길로 당신을 인도하실 것을 믿으면서, 예수님의 형상을 더욱 더 닮게 해 주실 것을 믿으면서, 또한 하나님께서 원하시는 삶을 살 수 있도록 당신에게 능력을 제공하실 것을 믿으면서 삶을 잘 영위해 나가라.

선행 조건 4 : 성령 안에서 행하라.

아직도 죄가 가능한가?

그리스도가 당신 삶의 왕좌에 계시고 성령에 의해 당신이 인도되고 능력을 받았을 때에도 하나님과 당신의 친분 관계를 훼방하는 죄를 범할 수 있을까? 그 대답은 '예'이다. 왜냐하면 당신의 삶을 그리스도께 맡겼다고 하지만 당신의 아집이 아직도 살아 있기 때문이다. 곧 이 말은 당신이 아직도 선택의 자유를 가지고 있기 때문에 그리스도의 다스림을 무시한 채 당신이 원하는 대로 행할 수 있음을 의미한다.

당신이 그리스도의 인도하심을 무시했을 때 당신의 죄는 두 배가 된다. 먼저는 당신의 삶을 인도하시는 그리스도의 위치를 제거한 것이고, 다음은 그리스도의 뜻에 반대되는 일을 범한 것이 되기 때문이다.

지속적으로 충만하라.

당신이 그리스도인이 될 때 이루어지는 성령의 내주(內住)하심과는 달리 성령 충만은 한 번으로 지속되는 것이 아니라 계속하여 이루어야 하는 것이다. 에베소서 5장 18절에 있는 하나님의 명령에서 성령 충만이라는 동사는 헬라어로 끊임 없이 또는 계속적으로 채워지는 것을 의미한다. 그러므로 죄로 인하여 당신의 삶의 왕좌에서 그리스도를 제거했더라도 다시 성령 충만함으로써 그리스도를 정당한 위치에 회복시킬 수 있는 가능성과 필연성을 가진다.

이 새로운 성령 충만은 전과 같은 방식으로 발생한다. 당신의 고백은 잘못을 범한 것에 대한 진정한 회개와 다시는 그런 행위를 반복하지 않겠다는 열망을 표현하고 있음을 기억하면서, 당신은 하나님께 당신의 죄를 고백하고 그 행위가 잘못된 것임을 시인하고, 2,000년 전에 그리스도의 희생하심에 근거하여 하나님의 용서를 경험하는 것이다. 그때 당신은 그리스도께 당신 삶의 주권을 다시 돌려드리고 성령 충만하라는 그 분의 명령과 하나님의 뜻대로 구하는 것은 어떤 것이라도 들어주시겠다는 그 분의 약속에 따라 성령 충만함을 입으라.

영혼의 호흡

이 과정은 '영혼의 호흡'으로 묘사될 수 있다. 당신이 생리적으로 호흡할 때 당신은 더러운 공기를 내뿜고 깨끗한 새 공기를 들이마신다. 당신이 영적으로 호흡을 할 때 당신의 죄는 고백함으로써 내뿜게 되고 믿음으로 성령 충만을 들이마시게 된다.

이것은 당신의 삶에 죄가 발생할 때마다 반복되는 계속적인 과정이다. 좀더 성숙한 그리스도인은 영혼의 호흡이 가끔씩 필요할지 모르지만, 초신자는 그 과정을 자주 반복해야 함을 느낄 것이다. 그러나 만약 초신자가 계속적으로 성령 충만해 있는 자신을 알게 된다면 하나님께서는 그의 삶 속에서 선한 일을 자유롭게 행하시며 그를 더욱 성숙하게 하실 것이다.

사실 당신이 하나님과 동행할 때에는 필요에 따라 영혼의 호흡을 하면서 다음과 같은 형태의 진실된 것들을 당신의 삶 가운데서 기대할 수 있다. 곧, 당신은 성령의 열매를 더욱 나타낼 것이며(갈라디아서 5 : 22,23), 그리스도의 형상을 더욱 닮게 될 것이다(로마서 12 : 2 ; 고린도후서 3 : 18). 당신의 기도 생활과 성경 공부는 점점 더 의미 깊은 것이 될 것이다. 또한 당신은 전도를 통해서 하나님의 능력을 체험하게 될 것이며(사도행전 1 : 8), 세상(요한일서 2 : 15~17), 육(갈라디아서 5 : 16,17), 사단(베드로전서 5 : 7~9 ; 에베소서 6 : 10~13)에 대항하여 싸울 영적 전쟁을 준비하게 될 것이다. 그리고 당신은 유혹과 죄에 대항하는 하나님의 능력을 더욱더 경험하게 될 것이다(고린도전서 10 : 13 ; 빌립보서 4 : 13 ; 에베소서 1 : 19~23 ; 6 : 10 ; 디모데후서 1 : 7 ; 로마서 6 : 1~16). 간단히 말해서 당신은 이제껏 결코 꿈도 꾸지 못했던 방법으로 당신 자신을 관리하게 될 것이며, 당신의 삶에 대한 하나님의 계획을 알고 이행할 수 있게 될 것이다.

제 3 장
장기간 계획을 세움

 당신은 육상 경기에서 함께 달리는 모든 사람들 중에 오직 한 사람만이 1등을 받는다는 사실을 알고 있는가? 상을 받을 수 있는 방법으로 달려라. 경기에서 경쟁하는 모든 사람들은 매사에 자기 자신을 조절하는 연습을 한다. 그들은 시들어 버리는 화환을 받기 위해서 그렇게 열심히 달리지만 우리는 그렇지 않다. 그러므로 나는 목표 없이 달리지 않으며, 허공을 치는 방법을 사용하지 않는다(고린도전서 9 : 24~26). 바울은 우리가 생명을 얻기 위해 목적을 가지고 전진해야 한다고 말한다.
 당신은 단거리 선수들이 출발점에서 달릴 준비를 하고 있다가 총소리와 함께 두세 발자국 앞으로 나아간 후 갑자기 멈춰 서서 결승 라인을 찾고 있는 경우를 보았는가? 물론 당신은 보지 못했을 것이다. 왜냐하면 어떤 단거리 선수라도 경주가 시작되기 전에 결승 라인이 어느 정도에 있는지 파악해 놓기 때문이다. 그렇지 않다면 승리의 기회를 얻을 수 없기 때문이다.
 그러나 얼마나 많은 사람들이 생명의 경주에서 결승 라인이 어디에 있는지 아무런 의식 없이 30, 40, 50년을 허비하고 있는가? 나는 여기에서 하늘 나라에 관하여 말하려는 것이 아니라 하나님께서 우리의 삶의 끝날에 이루어 질 전체적인 모든 것을 보기 원하신다는 사실을 말하고자 한다. 성공적으로 결승 라인에 도착하기 위하여 우리는 올바른 방향을 설정하고 전진해 나가야만 한다. 또 다른 방법으로 계획을 세워야만 한다.

'계획을 세우다'라는 말이 당신에게 익숙하리라 생각된다. 우리 모두가 그 말을 자주 사용하기 때문이다. 우리는 시내에 갈 계획을 하고, 오늘 저녁을 위한 어떤 계획을 세우기도 한다. 우리는 휴가를 위하여 계획을 세우며, 다른 여러가지 일들을 위해서도 계획을 세운다. 그러나 우리는 보통 우리의 먼 장래에 대해서는 깊이 생각하지 않는다. 그렇기 때문에 결국에는 우리의 삶의 결과에 대하여 실망하고 만다.

성경은 그리스도인으로서의 우리가 왜 계획을 세워야만 하는지에 대하여 많이 언급하고 있다. 나는 이러한 이유들 중에서 3가지를 통해 당신의 관심을 이끌어내고자 한다.

계획은 질서있는 생활로 이끈다.

무엇보다도, 그리스도인은 하나님께서 우리의 삶을 질서있게 이끌어 가도록 의도하셨기 때문에 먼저 계획을 세워야 한다. 고린도전서 14장 40절에서 우리는 '모든 것을 적당하게 하고 질서대로 하라'는 명령을 받았다.

당신은 시내에 있는 상점에 갔다가 오는 길에 세탁소를 들려야 할 일을 잊어 본 적이 있는가? 만약 당신이 되는 대로 살아간다는 태도를 취한다면 이러한 일은 당신에게 자주 발생할 수 있다. 당신은 어떤 회의에 너무 늦게 참석하여 연사의 이름을 모르고 앉아 있을 수도 있고, 또한 고장난 기구를 가지고 어떤 일을 시작할 수도 있다. 우리는 계획을 세움으로써 이렇듯 무질서한 사례들을 방지할 수 있다.

그리스도께서는 먼저 생각해야 함을 강조하셨다.

둘째로, 그리스도께서는 우선 생각해야 함을 강조하셨기 때문에 그리스도인은 계획을 세워야 한다. 어떤 사람이 제자가 되기 위해서 주의 깊게 여러가지를 사전에 고려해야 함을 설명하기 위하여 예수님은 다음과 같은 예화를 사용하셨다.

'너희 중에 누가 망대를 세우고자 할진대 자기의 가진 것이 준공하기까지에 족할는지 먼저 앉아 그 비용을 예산하지 아니하겠느냐 그렇게 아니하여 그 기초만 쌓고 능히 이루지 못하면 보는 자가 다 비웃어 가로되 이 사람이 역사를 시작하고 능히 이루지 못하였다 하리라 또 어느 임금이 다른 임금과 싸우러 갈 때에 먼저 앉아 일만으로써 저 이만을 가지고 오는 자를 대적할 수 있을까 헤아리지 아니하겠느냐 만일 못할 터이면 저가 아직 멀리 있을 동안에 사신을 보내어 화친을 청할지니라(누가복음 14 : 28~32)'

하나님께서는 인도하기를 바라신다.

세째로, 하나님께서 우리의 삶을 인도하기를 원하시기 때문에 그리스도인은 계획을 세워야 한다. 시편 32편 8절에서 주님은 우리에게 '내가 너의 갈 길을 가르쳐 보이고 너를 주목하여 훈계하리로다'라고 말씀하시면서, 시편 37편 23절에서는 '여호와께서 사람의 걸음을 정하시고 그 길을 기뻐하시나니'라고 우리에게 확신을 주신다.

만약 우리가 하나님의 뜻에 허락만 한다면 하나님께서는 우리 각 개개인의 삶에 잘 어울리는 안전한 삶을 제공하실 것이다. 왜냐하면 하나님께서는 하나님의 모든 계획 안에 우리 각자에게 가장 적절한 계획을 이미 세우셨기 때문이다.

개 관

이 장에서 당신의 개인적 삶을 위해 계획을 세우는 방법에 대한 기초를 배우게 될 것이다. 당신은 이 장을 마칠 때까지 아래의 3가지 사항을 준비해야 한다.

1. 당신의 삶의 목표를 기록하라.
2. 성취하고자 하는 특별한 영역을 선택하거나 혹은 다음 6개월에서 12개월 이내에 당신의 생활에서 가장 먼저 개선해야 할 부분을 선택하라.
3. 성취나 향상을 이룰 수 있는 최선의 방법을 결정하라.

이 장에서 당신이 배우고 적용한 사실들이, 다음에 연결되는 세 개의 장을 통해 당신이 이행할 수 있도록 돕는 방향을 설정한다. 만약 특별한 방향이 없거나 잘못된 방향으로 향한다면 당신의 목표를 성취하는 데에 별 효과가 없을 것이다. 만약 당신이 올바른 방향으로 향하고 있음을 안다면 당신의 목표는 각 단계를 통해 점차적으로 이루어 지고 있는 것이다.

이 장의 목적은 가능한한 짧은 시간 내에 개인적인 많은 계획들을 적용할 수 있도록 돕는 데 있다. 제 2부의 8장을 보면 좀더 세밀한 설명과 계획 과정에 대한 응용과 인생의 목표를 세우는 일과 앞으로 6개월에서 12개월 사이의 목표와 그리고 이러한 목표들을 수행하는 과정들이 나온다.

계획을 세우는 방법

계획을 세우는 데에는 다음의 다섯 가지 단계를 고려한다.
1. 기도하라(당신의 계획을 위한 하나님의 지혜를 소유하라).

2. 목표를 세워라(무엇이 성취되어야 하는지를 결정하라).
3. 계획표를 만들어라(목표들을 성취하는 방법을 결정하라).
4. 과정을 계획하라(계획 중에서 각 행위들이 언제 성취되는지 결정하라).
5. 예산을 세워라(인력과 경비와 다른 자원들이 얼만큼 필요하게 될지 또 어떻게 그것을 충당할지 결정하라).

이 과정은 큰 기구나 기획, 회의, 혹은 개인적 삶에 적용될 수 있다. 여기에서 그 과정에 대해 좀더 길게 설명하기 보다는 지금 당신에게 개인적 삶을 위한 계획들 중에서 몇 가지를 실행에 옮길 수 있는 기회를 갖게 하고자 한다.

첫째로 기도하라.

의심할 여지없이 당신은 당신의 삶을 위해 가장 적절한 계획을 원한다. 오직 하나님만이 그것이 무엇인지를 알고 계신다. 만약 당신이 하나님께 요청하기만 한다면 하나님께서는 그의 지혜로 우리의 마음을 일깨워 주실 것이다. '너희 중에 누구든지 지혜가 부족하거든 모든 사람에게 후히 주시고 꾸짖지 아니하시는 하나님께 구하라 그리하면 주시리라(야고보서 1 : 5)'

지금 잠간 멈추고 하나님께 지혜를 구하라. 당신의 삶의 전폭적인 방향을 하나님께 돌리게 해 주실 것을 구하라. 다음 6개월부터 12개월 이내에 당신의 삶에 있어서 특별히 강조하고 싶은 하나님의 영역을 구하라. 그 분께 그 강조점을 성취할 수 있도록 최선의 방법을 구하라.

당신의 인생 목표들을 결정하라.

당신이 앞으로 나아갈 때 당신의 마음을 일깨워 주시는 하나님을 기대하라. 그 분이 행하실 때 그 분께 감사하라.

내가 성경을 자세히 살펴보았을 때 나는 그리스도인의 인생에 있어서 기본적인 목표는 하나님을 영화롭게 하는 것이라는 결론을 내렸다. 시편의 기자(記者)들은 그것을 증명했다(예: 시편 96편). 예수님께서도 그의 지상 삶 속에서 그것을 완성했다(요한복음 17:4). 그리고 그것은 하늘 나라에서 가장 중요한 점이다(이사야 6:3; 요한계시록 4:8~11).

요한복음 15장 8절은 하나님을 영화롭게 하는 방법을 제시하고 있다. '너희가 과실을 많이 맺으면 내 아버지께서 영광을 받으실 것이요 너희가 내 제자가 되리라' 우리가 하나님을 영화롭게 할 수 있는 최선의 방법은 예수님의 제자가 되어 점차적으로 주의 형상을 닮아 가고(로마서 8:29), 그 분께 순종하는 것이다. '열매'를 맺음은 하나님을 영화롭게 하는 두 가지의 특별한 방법, 곧 그리스도인을 제자화 하는 것과 비그리스도인과 함께 복음을 나누는 일을 말한다. 우리가 그리스도인들을 도울 때 우리는 그들의 삶 속에 점차적으로 나타나는 성령의 열매를 본다(갈라디아서 5:22,23). 우리가 비그리스도인에게 예수님을 소개할 때 우리는 수확의 의미로써의 결실을 본다. 이러한 생각들은 당신의 인생 목표를 결정하는데 도움이 될 것이다.

종이와 연필을 꺼내 놓고 당신이 사는 동안 완성하고 싶은 것들을 기록하라. 이것은 하나님께서 모든 그리스도인에게 완성할 것을 요구하시는 것은 물론 특별히 당신에게만 요구하시는 것도 포함이 된다. 그 분께서 당신의 인생에 어떤 특별한 힘과 기회를 주셨는가? 그것들이 어떻게 그리스도인이 당신을 위하여 하나님의 전체적인 목적에 잘 공헌했는가? (만약 당신이 이 마지막 두 가지 질문에 대한 답변을 더 알기 원한다면 제 9장 '당신의 삶을 향한 하나님의 뜻을 아는 것'을 보라.) 잠깐 멈추고 당신의 삶의 목표에 관한 당신의 생각들을 기록하라.

짧은 기간의 목표를 결정하라.

 당신의 삶의 목표는 당신의 행동에 대한 전체적인 방향을 좌우한다. 6개월에서 12개월 안에 특별히 강조하고자 하는 한 목표를 정함으로써 아마도 당신은 도움을 받게 될 것이다. 이것은 큰 계획을 완성시키는 것과 같은 특별한 성취일 수도 있다. 당신의 생활 가운데 매일 아침 성경 공부와 기도가 규칙적으로 이루어지는 것과 당신이 보다 의미있는 행위를 보기 원하는 것은 특별한 발전일 수도 있다. 이러한 목표는 당신에게 최우선적인 성취와 향상일 수도 있다. 다시 말하면 당신이 진정 앞으로 6개월에서 12개월 안에 시행해 보기를 원하는 일은 무엇인가? 그것은 당신이 삶의 목표에 관하여 생각하고 있는 동안에 일어날지도 모른다. 그것은 당신이 할려고 작정은 했으나 시간이 허락되지 않았던 일일 수도 있다. 여기서 잠간 멈추고 다음 6개월에서 12개월 동안의 당신의 최우선적인 목표들을 기록하라.

최선의 계획표를 결정하라.

 다음은, 6개월에서 12개월 사이에 당신의 목표를 성취하기 위하여 최선의 방법을 결정해야 할 필요가 있다. 만약 당신이 천부적인 계획가라면 그 목표들이 수행되는 곳에서 연속적으로 행동해 나갈 수도 있다. 만약 당신이 계획을 세우는 일에 그렇게 타고난 전문가가 아니라면 아마도 당신은 다음과 같은 도움이 되는 과정을 발견할 것이다.
 당신이 6개월에서 12개월 사이의 목표를 완성하는데 도움이 될 몇 가지 방법 중에 스스로 할 수 있는 몇 가지를 기록하라. 만약 성경 공부와 기도하는 습관이 당신의 목표라면 그 목표에 맞는 책을 읽고, 테이프나 레코드를 들으면서 그 과정들을 기록하고, 만약 당신이 말씀 중에 이해하기 어려운 부분이 있다면 성경 해석서를 사고, 아침에 시간을 낼 수 없을 것 같다면 저녁에 이러한 영역에 유능한 친구를 찾아가 상담을 하라. 당신의 환경에 따라 이 모든 것들과 또한 다른 것들마저 이러한 영역에서 더욱 향상될 수 있도록 돕는 방법이 될 것이다. 여기서 잠간 멈추고 당신의 목표를 위한 그런 목록들을 생각해 보라.

지금 이 목록들 중에서 최선의 행동을 선택하라. 그 행동 옆에 '①'이라고 기록하라. 최선의 것은 현실화 될 것이다. 그것은 목표를 완전히 성취하는 데에 매우 큰 기여를 할 것이다. 그리고 당신이 어떤 일을 할 수 있는 동기가 될 것이다. 바꾸어 말하면 그 목록들 중에서 뽑은 어떤 행동은 당신의 목표를 완성하는데 가장 오랫 동안 함께 할 것이다.

아마도 당신은 두번째로 좋은 행동을 선택하고 싶어질 것이다. 그리고 그 행동 옆에 '②'라고 기록하라.

당신이 전체 목록을 한꺼번에 만들지 않도록 하는 이유는 대부분의 사람들이 자신들의 시간을 필요로 하는 것이나 복잡한 일은 실행하지 않을 것이라고 배웠기 때문이다. 내가 이 문제에 대하여 상담했던 많은 사람들이 그들의 매일의 삶에서 단 한 가지의 행동만을 더하거나 변화시키는 것을 고려해 본 적이 없다고 한 사람은 없었다.

더구나 그 목표가 현존하는 습관을 변화시킬 것을 포함한다면 그것은 정신적이고 정서적인 저항력을 포함한다. 그러므로 많은 습관들이 일시에 변화되기를 기대한다는 것은 매우 어려운 일이다. 만약 당신이 당신의 인생에서 가장 중요한 향상을 볼 수 있다면 곧 6개월에서 12개월 사이에 세상을 밝게 보는 것이 새로운 습관이 되었다면 그것은 커다란 향상이다. 그것은 몇 년 동안에도 이루기 어려운 커다란 변화이다. 개인의 계획을 성공적으로 이끈 열쇠는 압도적으로 이해하려는 노력보다는 가장 중요한 우선 순위에 초점을 맞추는 것이다. 만약 그 목표가 우리의 최우선적인 소원을 대표한다면 그 목표를 성취하는 것이 우리가 가장 효과적으로 향상될 수 있는 방법이다.

이런 부문에서 마지막으로 당신에게 도움이 될 만한 힌트로써 3×5

인치 크기의 카드에 당신의 계획 중 핵심이 되는 것을 기록할 것을 제안한다. 이것은 당신의 삶의 목표에 대해 요약한 것과 당신의 6개월에서 12개월 사이의 목표, 그리고 6개월에서 12개월 사이의 목표를 위한 최선의 행동과 두번째 행동을 포함한다. 그리고 그 카드를 세면하는 장소나 화장을 하는 장소와 같이 당신이 매일 볼 수 있는 공간에 붙여 놓아라. 이 카드를 볼 때마다 당신은 지속적으로 이 계획들을 기억하게 될 것이다.

결론적으로 우리가 명심해야 될 것은 이러한 계획들에 대한 지혜를 주시는 분도 하나님이시요, 그 계획들을 수행할 수 있도록 능력을 주시는 분도 하나님이라는 사실이다. 당신이 발전하고 있음을 느낄 때 특별히 하나님께 감사하라. 다음 장에서는 계속하여 매일의 계획 속에서 이런 것들과 다른 행동들을 운영하는 방법을 알게 될 것이다.

제 4 장
당신의 시간을 계획하면서

　에베소서 5장 15, 16절에서 사도 바울은 다음과 같은 경고를 하였다. '그런즉 너희가 어떻게 행할 것을 자세히 주의하여 지혜 없는 자 같이 말고 오직 지혜있는 자 같이 하여 세월을 아끼라 때가 악하니라'
　우리의 개인적인 날들을 돌이켜 볼 때 많은 사람들이 각각 자신의 시간을 잘 활용하고 있다고 느끼는가? 불행하게도 종종 우리는 아무 것도 이루지 못했다고 느낀다.
　이런 좌절스런 상황은 종종 우리가 시간의 흐름 속에서 살고 있다는 사실을 이해하지 못하기 때문에 발생한다. 그런 사실을 깨닫지 못하고 우리들 대부분은 우리가 무엇을 하려고 의도한다는 세상적인 꿈 속에서 살고 있다.

목록을 만드는 제도에 대한 실패

　몇 년 전 친구와 대화하는 도중에 나는 그에게 시간 관리를 어떻게 하느냐고 물었다. 곧 이것은 어떤 제도(System)를 사용했느냐는 질문이었다. 그는 아무 말 없이 그의 책상 서랍에서 4장의 종이를 꺼냈다. 이 각각의 종이에는 그 친구가 성취하기 원하는 여러가지가 목록화 되어 양 쪽으로 칸을 나누어 적혀 있었다. 그 목록에 들어 있던 예중에 어떤 항목은 느헤미야서에 대한 전문적인 연구였다.

지금 생각해 보면, 그 연구를 완성하기까지는 많은 시간이 소요될 것 같았으나 사실 그것은 기록된 수백 개의 항목 중에 하나에 불과했다. 나는 놀라지 않고 그 목록을 어떻게 실행하는지에 대해 그에게 물었더니, 그는 당황해 하면서 '그것이 잘 되지 않네'라고 대답했다.

그의 목록 실행이 실패했다는 사실에 내가 놀라지 않은 이유는 간단하다. 곧 그것은 우선 순위나 혹은 시간과 연관되어 있지 않았기 때문이다. 그것은 단순히 자신이 지낸 일과의 경험에서, 운영하기 위한 아무런 대책도 없이 동등하게 우선 순위 없이 적어 둔 목록이었다. 바로 전 장에서 당신은 다음 6개월에서 12개월 사이에 당신의 첫번째 목표를 어떻게 이행할 것인지를 결정했다. 이 점에서 그 목표의 완성은 내 친구의 목록과 같이 다만 좋은 의도일 뿐이다. 당신에게 필요한 것은 매일마다, 매주마다 당신이 실제 살고 있는 곳에서 그리고 일을 하는 곳에서 그 의도가 행동으로 변화되는 제도(System)이다. 동시에 당신의 실행 제도는 다른 우선 순위의 행동들을 실행하는데 사용되어야 할 필요가 있다.

당신은 왜 자신의 시간을 계획해야 하는지에 대한 몇 가지 좋은 이유가 있다. 이 중에 몇 가지는 성경적인 이유이고 다른 것들은 시간 자체의 고유한 특성이 원인이다. 먼저 성경적인 원인을 살펴보기로 하자.

훈련되지 않은 삶의 함정

데살로니가후서 3장 11절에 보면, 데살로니가에 있는 어떤 그리스도인이 의미 없는 일만을 행하고 훈련되지 않은 삶을 이끌어 가고 있음을 책망받았다. 데살로니가 사람들은 그들이 무엇을 해야 하는지 알고 있었으나 다른 것을 추구하는 데 자신들의 시간을 다소 사용했다. 그리스도인으로서의 우리는 오늘날 똑같은 함정에 빠질 수 있다.

만약 우리가 실제적으로 해야 할 것이라고 알고 있는 행위를 우리의 계획 속에 넣지 않는다면 아마도 우리는 결국 의미도 없는 일에 시간을 허비하고 말 것이다.

하나님의 뜻을 행하는 시간

전도서 3장 1절에서 우리는 '천하에 범사가 기한이 있고 모든 목적이 이룰 때가 있나니'라고 배운다. 하나님께서 우리에게 원하시는 일을 모두 할 수 있는 시간이 있다.

우리는 그리스도의 삶에서 이러한 예를 볼 수 있다. 예수님의 지상 전도는 3년 반 동안 계속되었다. 그런데 그가 자신을 향한 하나님의 뜻을 성취하는 데 필요한 모든 행위를 이렇듯 짧은 시간 안에 알맞게 해냈다. '아버지께서 내게 하라고 주신 일을 내가 이루어 아버지를 이 세상에서 영화롭게 하였사오니(요한복음 17 : 4)' 중요한 것에 초점을 맞춰 보면 예수님은 그의 짧은 전도 기간에 역사적으로 다른 어떤 사람 보다도 의미있는 중요한 전도를 완성했고 거의 2,000년 동안 계속될 전 세계적인 운동을 시작하였다.

빈약한 대가는 피하라.

학개서의 첫 장은 잘못된 우선 순위로 인하여 시간을 허비한 결과를 우리에게 보여주었다. 포로 생활에서 돌아온 이스라엘 백성들은 자신들의 사치스런 집을 짓기 위하여 하나님의 성전을 짓는 일을 미루었다. 이에 대하여 하나님께서는 이스라엘 전 지역에 그의 축복을 보류하심으로써 그들의 관심을 주께로 다시 모았다. 6절 말씀을 생각해 보자.

'너희가 많이 뿌릴지라도 수입이 적으며 먹을지라도 배부르지 못하며 마실지라도 흡족하지 못하며 입어도 따뜻하지 못하며 일군이 삯을 받아도 그것을 구멍 뚫어진 전대에 넣음이 되느니라'

그리고 10절과 11절을 보자.

'그러므로 너희로 인하여 하늘은 이슬을 그쳤고 땅은 산물을 그쳤으며 내가 한재를 불러 이 땅에 산에 곡물에 새 포도주에 기름에 땅의 모든 소산에 사람에게 육축에게 손으로 수고하는 모든 일에 임하게 하였느니라'

당신은 당신의 시간과 정력을 투자하고서도 빈약한 대가를 받은 경험이 있는가? 그렇다면 아마도 당신은 잘못된 우선 순위를 가지고 당신의 시간을 관리했을 것이다. 그래서 하나님께서는 당신의 관심을 주께로 돌리기 위하여 보잘 것 없는 보답을 주셨을 것이다. 마태복음 6장 33절의 말씀과 비교해 보라. '너희는 먼저 그의 나라와 그의 의를 구하라 그리하면 이 모든 것을 너희에게 더하시리라'

당신의 시간을 계획해야 하는 이러한 성경적인 이유 이외에도 시간 자체의 본질은 당신이 시간을 잘 활용하느냐, 아니면 시간을 잃어버리느냐의 양자 택일을 요구한다.

시간은 멈출 수도, 보관할 수도, 늘릴 수도 없다.

예를 들어 당신은 시간을 멈추게 할 수 없다는 사실에 대하여 생각해 보았는가? 많은 사람들은 우리 인생이 마치 축구 경기처럼 어느 쪽 팀이 필요할 때 '타임 아웃'을 요청할 수 있기를 원한다. 그러나 우리는 그런 특권을 갖고 있지 않다. 시간은 우리가 지혜롭게 사용하든지, 그렇지 않든간에 '계속'됨의 상태이다.

시간은 멈출 수 없는 것과 같이 또한 저장할 수도 없다. 이런 면에서 시간은 구약 시대의 만나(manna)와 같다고도 할 수 있다. 이스라엘 사람들은 매일 아침 그 날에 필요한 양식으로써 빵과 같은 것을 충분히 받았다. 그들 중 몇 사람은 그 나머지를 모아두려고 했으나, 그 다음날 아침에는 그들이 모아둔 것에서 벌레가 가득 찬 것을 발견하곤 했다. 시간은 우리와 함께 한다. 우리는 소유한 만큼 소비해야 한다. 우리가 써버린 시간은 영원히 가버렸다.

종종 주어진 시간 안에 우리가 할 수 있는 것보다 더 많은 일을 해야만 할 때가 있다. 그러나 우리는 이 모든 일을 다하기 위하여 시간을 늘릴 수는 없다.

개 관

이 장에서 당신은 시간을 가지고 할 수 있는 가능한 일들 중에서 당신의 우선 순위 행위들을 선택하고 계획하는 방법을 배울 것이다. 당신은 이러한 개념을 단기간에 그리고 하루에 적용할 기회를 갖게 될 것이다. 모든 사람들에게는 할 수 있는 행위를 선택하는 최소한의 시간이 짧지만 하루 동안으로 주어져 있다. 심지어는 집에서 아이들을 기르는 어머니에게조차도 주어진다.

다음은 당신의 시간 계획을 4단계로 나누었다.

1. 행위를 목록으로 작성하라.
2. 할당할 수 있는지를 자신에게 물어라.
3. 우선 순위를 정하라.
4. 계획하라.

지금, 이것을 각각 자세히 살펴보자.

행위를 목록으로 작성하라.

　당신의 행위와 계획에 대해 하나님께 지혜를 구하면서 이 단계를 시작하라. 그리고 짧은 시간 동안에 당신이 계획한 대로 수행할 수 있는 행위가 무엇인지를 목록으로 작성하라. 내가 이것을 할 수 있는 최선의 방법은 나에게 발생했던 잠재적 행위들을 작은 종이에 계속 목록화 하는 것이다. 결과적으로 나의 목록은 내가 실제로 계획하기 전보다 점차적으로 커지고 있다. 그때 나는 기도하면서 다른 잠재적인 행위들에 대하여 주의 깊게 더 생각해 본다.

　당신의 목록에 다음 6개월에서 12개월까지 완성할 제 1의 목표를 향하여 제 1의 우선 순위를 포함하고 있는지 확인하라. 당신은 그것과 관련된 일을 매시간 하지 않을지라도 당신이 계획한 매 시간의 행위를 항상 생각해야 한다. 또한 당신의 목록에 처음 계획했던 것을 당신이 노력함으로써 발생될 다른 행위들을 포함하라. 예를 들어 당신은 당신의 제 1목표를 향한 두개의 우선 순위를 결정할지 모른다. 목록에 그것을 포함시켜라. 당신과 당신의 배우자가 저녁 식사를 하며 곧 해야 할 특별한 어떤 일에 대하여 이야기할지도 모른다. 이러한 것들도 그 목록에 첨가하라.

　다음은 당신의 잠재 행위들이 될 수 있는 가장 빈번한 범주를 표시한 것이다.

　하나님과 함께 하는 시간
　가족과 함께 하는 시간
　개인의 안녕을 위한 시간
　인생 설계
　전날에 남은 중요한 일들
　약속들 (이미 계획 속에 있을지도 모름)
　당신과 다른 사람의 달력에 적힌 다른 일들(배우자의 일, 비서의 일)
　당신의 계획이나 직업상의 일에서

규칙적인 회의
편지들
전화
뒤따르는 항목들

이러한 것은 당신에게 잠재적인 모든 행위들을 기억나게 할 것이다. 나는 우리의 마음 속에 있는 모든 잠재적 행위들이 자연적으로 표면화 되는 것을 발견하지만, 중요한 점은 한 자리에서 종이 위에 그것들을 쓸 수 있게 포착하는 것이다.

위임할 수 있는지를 물어라.

그 다음 단계는 당신의 목록에 있는 행위들 중에 다른 사람이 할 수 있는 것은 어떤 것인지 결정하는 것이다. 만약 대부분의 행위들이 다른 사람에게 맡길 수 없는 일이라면 당신 혼자서 해야 한다. 반면에 어떤 것은 다른 사람에게 나누어 주는 것이 가능할지도 모른다. 아마 그것들은 다른 사람들이 더 잘, 혹은 더 적절하게 수행할지도 모른다. 혹은 어떤 사람이, 당신이 다른 얽매이지 않게 하기 위하여 기꺼이 그것을 행할지도 모른다.

예를 들어, 만약 내가 연구하고 있는 기획을 완성할 수 있는 어떤 정보나 통계를 필요로 한다면 나는 혼자서 필요한 조사를 할 수가 있다. 그러나 좀더 빨리 효과적으로 일을 할 수 있는, 특별히 이 영역에 전문적인 동료가 있다면 그 친구에게 도와 줄 것을 요청하는 일은 현명한 일일 것이다.

혹은 내가 만약 특별한 형태의 업무용품 구매를 필요로 한다면 나는 그것에 대한 주문처를 알아내는 데에도 시간을 내야 할 것이다. 그리고 그것을 혼자 할 수 있다. 그러나 이 일을 담당한 비서에게 요구하는 것이 더 현명할 것이다. 사실 비서는 내가 해야 할 일들을 많이 도와 주고 있다.

아직도 다른 사람들이 그 일을 원하기 때문에 다른 행위들이 단순히 수행될 수 있다. 왜냐하면 그들이 기꺼이 그 행위들을 할 것이기 때문이다. 예를 들어, 많은 대학생들과 함께 전도하면서 우리들이 후원해 주어야 할 학내의 문제들이 있었다. 나는 이러한 사건들을 해결하기 위해 필요한 모든 일을 다 할 수 있었다. 그러나 학생들은 기꺼이 이 일을 대신해 주었다.

   당신이 다른 사람에게 어떤 일을 맡길 때는 당신은 그가 그 일을 어떻게 해 주는 것이 좋겠다는 뜻을 명확히 해야 한다. 그가 계속 일하고 있을 때, 여러가지 질문에 적절한 대답을 할 수 있도록 노력하라. 특히 그것이 장시간을 요하는 할당이라면 그 할당에 대하여 그에게 언급해서 선도하고 얼마 후에 그가 어떻게 하고 있는지 살펴보라.

   결과적으로, 이 단계를 수행하면서 당신은 당신의 목록에 기록된 각 행위와 그 할당을 조심스럽게 관계짓도록 고려해야 한다. 그리고 목록의 그 행위 왼쪽에 그 행위를 위임할 사람의 이름을 기록하라. 마지막으로 그 사람에게 그 행위를 부탁하고 그 다음에는 그것이 완성되었는지 지켜보라.

우선 순위를 정하라.

   과정을 계획하는 데에 있어서의 다음 단계는 남아 있는 행위들에 대한 우선 순위를 정하는 것이다. 항상 활용 가능한 시간보다 할 일이 더 많은 것이다. 당신이 행하기 원하는 것을 결정함으로써 우선 순위가 정해 진다.

   이것을 행하는 것은, 당신이 계획하는 기간 동안 수행된 일의 우선 순위를 따라 각각의 행위 왼쪽에 번호 ①, ②, ③, ……이라고 간단히 기록하는 것이다.

   나는 종종 무엇으로 우선 순위를 결정하느냐는 질문을 받는다. 이것은 좋은 질문이다. 우선 순위가 무엇인지 아는 것은 당신의 계획을 조절할 수 있는 것을 얻는 비밀이다. 우선 순위를 정하는 데에는 중요한 두 개의 단어, 곧 중요성과 긴급성이 있다. 중요성은 당신의 목표와 관련된 것이고, 긴급성은 시간과 관련된 것이다.

어떤 행위가 당신의 목표를 성취하는 데에 도움이 된다면 그 행위는 당신에게 매우 중요한 것이다. 만약 그 행위가 당신의 목표와 연관이 없다면 그것은 당신에게 중요하지 않다. 당신은 할 수 있는 만큼 당신의 계획에 중요한 행위들을 포함시켜야 한다.

여기서 한 마디 덧붙이고 싶은 것은, 혹시라도 당신이 실제적으로 행하고 있는 특별한 목표를 진술하거나 기록하지 아니 한다는 점이다. "인생에서의 나의 목표를 성취하기 위해 나는 얼마나 많은 행위를 했는가?" 많이? 약간? 혹은 거의 없는가? 라는 질문에 대답할 수 있다면 우선 순위를 정하는 문제는 꼭 필요하지는 않다.

예를 들어, 당신의 아들이 처음 창단하는 야구 팀의 경기를 관람하자고 몹시 졸라댈지도 모른다. 그때 당신이 아들을 격려하는 행위는 당신이 그를 사랑하고 잘 키우려는 당신의 목표를 성취하도록 돕는 것이다. 분명히 이 행위는 당신에게 중요한 일이다.

데살로니가전서 5장 21절에 '범사에 헤아려 좋은 것을 취하라'고 우리에게 권고한다.

긴급성은 어떤 일이 곧 행해져야만 하는 데에 관련이 있다. 만약 6개월 후에나 행해 질 수 있는 것이라면 그것은 긴급한 일이 아니다. 지금부터 두 시간 이내에 행해져야 한다면 그것은 매우 긴급한 일이다.

우선 순위를 정하는 것은 그 일의 중요성과 긴급성에 비추어 볼 때 그 행위의 전체적인 비율을 생각해 봄으로써 이루어진다. 만약 어떤 행위가 매우 중요하고 긴급하다면 그것은 당신에게 제 1의 우선 순위 행위가 될 것이다. 만약 다른 행위가 이것보다 다소 덜 중요하거나 덜 긴급한 일이라면 그것은 두 번째 순위가 될 것이다. 만약 어떤 행위는 중요하지도 긴급하지도 않다면 그것은 우선권의 비율에 의해 당신의 목록에서 아래쪽에 기록될 것이다.

  당신에게 경고하고 싶은 것은 중요성보다 긴급성에 더욱 주의를 기울이는 것이 자연적인 경향이라는 점이다. 만약 어떤 행위가 긴급하기는 하나 조금도 중요하지 않다면 당신은 그 행위 위에 낮은 순위를 부여하는 것이 현명한 일이 될 것이다. 그것은 아마도 당신이 그 행위를 수행하지 않을 것이라는 의미일 것이다. 또한 그것은 당신이 더 중요한 일에 더 많은 시간을 투자할 것을 의미한다.

계 획

  과정을 계획하는 데에 마지막 단계는 시간 내에 당신의 우선 순위 행위들을 실제로 이행하는 것이다. 종종 우리는 우선 순위가 높은 어떤 행위들을 끝내는 데에 많은 시간을 투자하지 않기 때문에 실패한다.

  이 단계는 당신이 창조적으로 계획한 목록이 실제적으로 당신이 행동하는 방식에 영향을 줄 것인가를 확인한다. 계획하는 것은 당신이 시간 속에 살고 있다는 사실을 진정으로 감지하는 단계이다.

  계획에 있어서 가장 간단하고 효과적인 방법은 당신의 제1우선 순위의 행위를 시작하는 것이다. 그것을 수행하기에 적절한 시간을 설정하라.

  다시 말하면, 당신이 행하기로 계획한 처음 것이 당신의 제1우선 순위이다. 그것이 수행될 때 당신은 두번째 순위를 행할 것을 계속 계획한다. 만약 끝날까지 당신이 단지 두 가지의 행위만을 성취할 수 있었다면 최소한 그것이 당신의 최고 우선 순위 두 가지에 해당되는 것이다. 다른 행위들에 대한 모든 종류를 수행하는 평범한 실천과 결코 최고의 우선 순위의 행위에도 미치지 못하는 것과는 얼마나 대조적인가!

  당신이 제1우선 순위를 완성하자마자 제2우선 순위가 남아 있는 일들 중에 최고의 우선 순위가 된다. 그것이 완성되면 제3우선 순위가 남아 있는 일들 중에 최고의 우선 순위가 된다. 다른 말로 하면, 당신은 당신의 목표가 완성될 때까지는 항상 최고 우선 순위가 행위를 실행할 수 있도록 찾아야만 한다.

비록 이 생각은 간단하지만, 나는 당신이 하나님 앞에서 시간의 선한 청지기가 될 수 있도록 능력을 주는 생각이라고 강조하고 싶다.

4단계의 모범적인 적용

짧은 시간의 계획을 예시하면서 경영 훈련을 받고 있는 1주일 동안 나에게 발생했던 상황을 당신과 함께 나누고자 한다. 나의 책인 〈크리스찬의 자기 관리〉에 대한 세미나에서 나에게 허용된 시간은 2시간이었는데 뜻밖에도 취소되었던 그 전날이었다. 나는 앉아서 다음과 같이 그 2시간을 계획했었다.

첫째, 나는 이 2시간 동안의 잠재적 행위들을 기록했다.

잠재적 행위들 (내가 썼던 내용들)	내가 의도했던 것이 무엇인가를 설명(나는 실제적으로 이 난을 쓰지 않았다. 이것들은 나의 마음 속 생각이었다. 나는 종이에 간단히 적어 보고자 한다.)
강의 준비	내일 있을 〈크리스찬의 자기 관리〉세미나를 재검토해 보다.
OHP 펜을 준비	강의를 위해 OHP용 펜 몇 자루를 준비함

여행 대행사에 전화를 함.   다음주에 있을 여행에 어려움이 없도록 여행 대리인에게 전화를 함.

위원회와의 만남   그날 오후에 위원회에 참석할 것을 요청받았으나 이것은 나에게 선택권이 있었다.

둘째, 나는 각 행위들이 다른 사람에게 할당될 수 있는 것인지를 물었다. 나는 나의 비서인 케릴에게 펜을 가져오라고 시켰다.

        강의 준비(연습)
케릴   OHP용 펜 준비
        여행 대행사에 전화를 함
        위원회와의 만남

세째, 나는 남아 있는 행위들의 우선 순위를 평가했다. 내가 그 위원회에 참석하는 것은 중요하지 않았다. 그 세미나와 여행은 나의 장기간 목표에 동등하게 중요한 것이었다. 그러나 그 세미나는 다음날 있는 것이고 여행 계획은 기다릴 수 있는 것이었기 때문에 나는 다음과 같이 기록했다.

    1. 강의 준비 (복습)
케릴   OHP용 펜 준비
    2. 여행 대행사에 전화를 함
    3. 위원회와의 만남

네째, 나는 전화로 케릴에게 펜을 가져올 것을 부탁했다. 그리고 나서 나는 다음 1시간 30분 가량을 세미나에 사용할 것과 여행 안내인에게 전화를 걸어서 나머지 30분을 활용할 일을 계획하였다.

사용 가능한 두 시간 전부를 재검토했는데 여행대행사에 전화는 다음날 해야만 했고 모임에는 참석하지 못하게 되었다.
나는 2시간이 흐른 뒤에 나의 시간이 유효 적절하게 잘 사용되었음을 느꼈다. 나는 위원회의 참가나 펜을 찾는데 두 시간 전부를 쓰지 않았고, 강의를 준비하는 더 중요한 일을 잊지 않았다.

이번에는 당신 차례이다.

지금 당신 자신의 시간으로 2시간에서 3시간짜리의 계획을 세워 보라. 당신이 선택했을 때 자유롭게 사용할 수 있는 시간을 다음 24시간 이내에 적절하게 선택하라. 당신이 일상적으로 자거나 먹거나 혹은 다른 행위를 하는 시간이 아닌 시간을 선택하라.
당신이 그 시간을 결정할 때 예를 든 것과 같이 당신은 이미 그것을 계획한 것이다. 먼저 종이를 꺼내어 그 시간에 할 수 있는 행위들을 기도 형식의 목록으로 작성한다. 다음에는 그 행위들 중에 할당할 수 있는 것을 가려내고 그리고 나머지 행위들에서 우선 순위를 정한다. 마지막으로 각 행위들의 정도를 완성하기 위해 필요한 예상 시간을 간단히 기록함으로써 시험적으로 계획을 세워 보라. 여기서 잠깐 멈추고 이것을 전체적으로 적용하라.

당신의 계획을 정교하게 할 몇 가지 요소

다음은 그 단순한 계획 과정이 당신에게 가장 유용하게 활용되도록 도와 주는 몇 가지 유의점들이다.
첫째, 당신이 계획하려고 하는 일의 시간의 양을 결정할 필요가 있다. 어떤 사람의 계획은 매우 예측하기 어렵기 때문에 그가 계획한 우선 순위 목록에 따라 단순히 지켜 나가기만 하는 것이 현명한 일이 된다. 그들은 약간의 시간이라도 생기면 제 1우선 순위를 수행하기 시작한다. 그것이 완성되면 제 2우선 순위를 계속 수행한다. 비서들과 어린 자녀의 어머니들은 자신의 시간마저 다른 사람들의 필요에 따라 빈번히 사용되는 것이 공통점인데 이들은 두 가지 그룹의 사람들이다.

대부분의 사람들은 어떤 확신을 갖고 다음날의 일을 생각할 수도 있지만 나는 가능하면 최소한 한 시간에 하루의 큰 일을 계획하기를 권한다. 만약 당신이 밤이 되기 전에 이 계획을 수립했다면 당신은 중요한 일을 해야 한다는 사실을 잊지 않을 수 있고, 다음날 깨어날 때는, 그날의 가장 중요한 일을 할 수 있는 준비가 된 마음으로 편안하게 시작할 수 있을 것이다.

어떤 사람들은 하루 일과에 대한 계획보다 미래에 대한 계획이 더 필요하다고 생각한다. 특별히 그런 사람들을 위하여 제 2부 10장에서 상세하게 다루었다.

두번째 유의점은 우선적인 행위와 기본적인 것으로 단순히 원하는 것, 즉 이미 계획된 것들을 처리하는 것이다. 하루를 계획할 때에는 일어나는 시간, 세면 시간, 기도 시간, 아침 식사 시간, 출근 시간, 점심 시간, 퇴근 시간, 저녁 식사 시간, 그리고 잠자는 시간과 같은 하루 동안의 기본적인 행위들을 당신의 계획 속에 제일 먼저 간소화한다. 당신에게는 또한 아이들을 학교에 데려다 주는 시간, 아침 회의에 참석하는 시간과 같이 기본적인 행위들이 더 있을 것이다. 이러한 행위들 때문에 하루 중 당신이 행할 우선 순위의 일들과 선택할 수 있는 시간을 분산시킨다. 때때로 당신은 이러한 기본적인 항목들에 시간을 투자할 만한 가치가 있다고 확신이 든다면 그 항목들의 진정한 우선 순위를 새롭게 평가해야 한다.

세째, 당신의 제 1우선 순위가 즉시 행해 질 수 없을지도 모른다. 아마도 그것은 나중을 위한 그 날의 약속일 것이다. 당신이 할 수 있는 모든 일은 그 일이 발생할 때 그것을 계획하고, 오랫 동안 계속되는 행위는 그 이전에 계획하지 말라.

　네째 유의점은 당신이 계획하고 있는 행위에 필요한 시간을 잘 조절하는 것이다. 만약 당신이 하루 일을 한 시간에 계획하고 제 1우선 순위의 행위가 30시간 내에 완성 되도록 기획을 한다면, 그 계획의 처리는 그날에 주어진 당신의 유용한 시간을 방해하는 결과를 낳는다. 이것이 적당할지 모른다. 그러나 나는 일반적으로 1시간에서 3시간 정도 사이에 완성할 수 있는 것이 더 좋다고 생각한다. 그것은 대부분의 사람들이 피곤해 하지 않고, 특별히 휴식 시간 없이 한 가지 행위를 계속할 수 있는 작업 시간의 길이이다. (3장에서 언급한 전체적인 것을 계획하는 것과, 8장에서 더 상세히 언급한 것은 작은 행위들을 행하는 입장에서 중요한 계획을 생각할 때에 도움이 될 것이다.) 당신은 정말 작은 일이 당신의 가장 우선 순위임을 발견할지 모른다. 그 다음 부분은 그날 동안 해야 할 다른 행위들에 비추어 볼 때 두번째 순위가 아닐지도 모른다. (예를 들면, 당신은 어느 정도 중요한 전화를 받게 될지도 모르기 때문이다.)

　다섯번째 유의점은 높은 수준에서 당신의 동기를 유지하도록 하는 것이다. 종종 당신의 목록에 있는 소수의 행위들은 당신이 그 일을 하기 싫어서 미루어 왔기 때문에 계속하여 매우 높은 우선 순위에 있는 경우도 있다. 만약 당신이 하루에 몇 가지 일을 계획한다면 실제로 당신은 그 날을 기대할 수 없게 될 것이다. 이에 대해서 내가 사용했던 한 가지 해결책은 내가 좋아하지 않는 일을 한 후에 바로 그 대가로써 내가 특별히 좋아하는 일을 계획하는 것이다. (당신은 5장에서 '싫어하는' 행위들을 조절하는 방법 몇 가지를 부가적으로 제시한 항목을 발견할 것이다.)

　여섯번째, 어떤 종류의 행위들을 시작하기 위하여 시간에 대한 논리적인 현실성을 배우라. 대부분의 사람들은 오후 1~3시 보다는 오전 9~11 사이가 더욱 기민하다. 그러므로 대부분의 사람들을 위하여,

오전 9~11시 사이에는 높은 창조력을 요구하는 행위를 계획하고, 오후 1~3시에는 좀더 일상적인 행위들을 계획하는 것이 좋겠다.

일곱번째, 많은 사람들은 그들이 하루에 계획한 유효한 시간이 두 가지 중요한 범주에 걸려 있다. 곧 낮에는 일하고 밤에는 집에 있다는 사실이다. 대부분의 사람들에게는 어떤 주어진 행위가 자연적으로 두 장소 중 한 곳에서 행해 질 것이다. 사업상의 만남은 주로 사무실에서 발생하는 반면에 아이들과 함께 있는 시간은 보통 집에서 발생한다. 내가 발견한 결과에 따르면, 그런 사람들은 그날의 잠재적 행위에 대한 두 가지 목록, 곧 일에 대한 계획과 가정에 대한 계획을 작성하는 것이 더욱 현실적이다. 그때 그들은 목록의 사항들을 분리하며 할당하고 우선 순위를 정하고 계획을 세운다.

하루를 계획한 예

다음은 어떤 사람이 4단계와 몇 가지 유의점을 사용하여 하루를 계획한 예이다.

먼저 그는 기도로 자신의 행위들을 목록화한다. 그는 그가 선택한 시간이 크게 두 부분, 곧 낮에는 사무실에서 그리고 저녁에는 집에서의 시간으로 나누어짐을 미리 발견했다. 그러므로 그는 두 개의 다른 시간에 실제적으로 목록을 작성하고 할당하고 우선 순위를 정하고 계획했다. 그는 전날 사무실을 떠나기 전에 업무 계획을 미리 세워 두었다. 그는 저녁 시간에까지 계획된 것을 잠자리에 들기 전에 완수했다. 보통 그가 깨어 있는 시간의 양을 기본적인 일에 쓰고 있다. 곧 오전 6시에 일어나서 6시 30분까지 잠자리를 정리하고 옷을 입고 7시까지 개인적인 기도의 시간을 갖고 7시 30분까지는 아침 식사를 하고, 8시까지 회사에 출근하고, 12~1시 사이에는 점심 식사를 하고, 5시 30분에서 6시 사이에 퇴근하고, 7시까지는 저녁 식사를 하고, 10시 30분에 잠자리에 들어간다.

그에게는 이러한 기본적인 시간 외에도 '수행해야 할 일'이 있는데, 이미 그 날로 계획된 어떤 약속이었다. 그것은 2시~2시 30분에 입사 수험생의 면담이었다. 그는 이미 수행했던 시간처럼 이것을 검토했다.

그는 남아 있는 낮과 밤 시간을 계획하기 위하여 다음과 같은 두 가지 목록을 만들었다.

사무실

새 상품 기획에 대한 보고서 준비
나의 부서에 대한 효과적인 연구를 재검토함.
중요한 전화를 할 것 (척, 와렌과 크리스)
그린 상사의 주문을 확인할 것
무역 잡지를 읽을 것
상담 (서신)
점심 식사 시간에 조오지와 함께 그리스도에 대하여 나눔
각 부서를 순회하며 각 부장과 간단히 만남
다음에 있을 부서 모임에 대한 정보를 모음

가정

제인과 쇼핑함
다음 주 성경 연구생에게 전화를 함
운동하면서 산책함(참고 : 이것은 그의 목표에 따른 행위 순서이다.)
휴식 및 독서하기

둘째, 그는 각각의 목록을 가지고 각 행위들을 할당할 수 있는지 살펴본다. 그는 그의 비서인 비키에게 지시 사항을 수행할 것과 그 부서에서 책임자로 일하는 데이브에게 정보 모으는 일을 할당하기로 결정했다.

세째, 그는 그 목록을 가지고 남아 있는 행위들의 우선 순위를 결정했다. 죠오지가 다음 주에는 그 부서를 떠나기 때문에 그와 함께 그리스도에 관하여 이야기를 나누는 것은 매우 중요하고 긴급한 일이었다. 어떤 전화는 또한 매우 높은 우선 순위에 있다 등등. 다음은 그 목록들이 어떻게 할당되고, 어떻게 우선 순위가 결정되었는지 살펴본 것이다.

사무실

③ 새 상품 기획에 대한 보고서 준비
⑥ 나의 부서에 대한 효과적인 연구를 재검토함
② 중요한 전화를 할 것 (척, 와렌과 크리스)
비키 ── 그린 상사의 주문을 이행
⑦ 무역 잡지를 읽을 것
⑤ 상담 (서신)
① 점심 시간에 죠오지와 함께 그리스도에 대하여 나눔
④ 각 부서를 순회하며 각 부장과 간단히 만남
데이비 ── 다음에 있을 부모임에 대한 정보를 모은다.

가정

④ 제인과 쇼핑함
① 다음주 성경 연구생에게 전화를 함
③ 운동하면서 산책함
② 쉰다

네째, 그는 계획 속에 자신의 행위들을 넣었다. 그날에 가장 중요한 두 가지 일을 각각 제 1순위, 제 2순위 등등으로 번호를 기입했다. 다음은 그의 사무실과 가정에서 마지막으로 볼 수 있는 계획이다.

사무실에서의 계획 (사무실 책상에 보관)

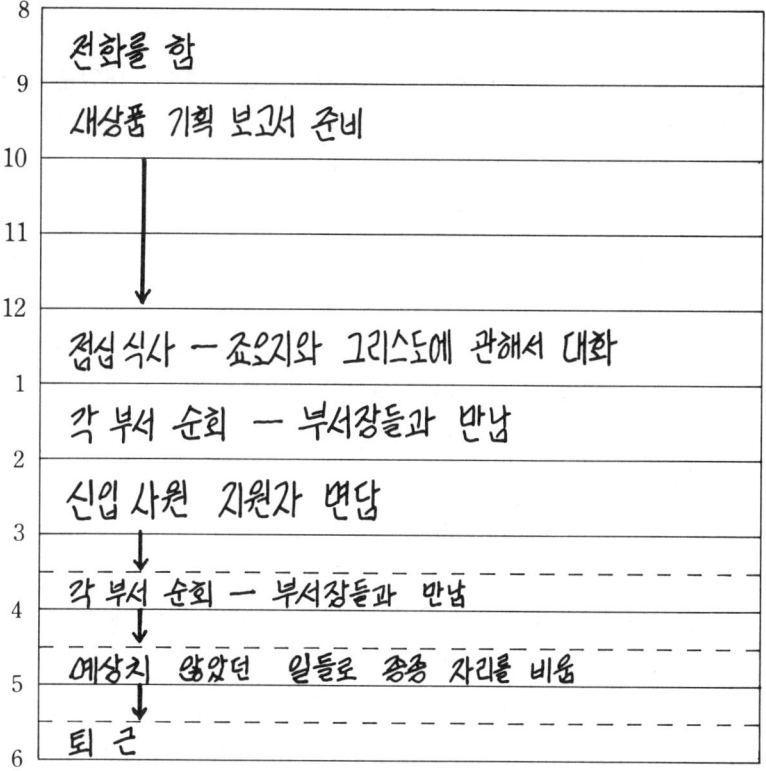

가정에서의 계획 (집에서 입는 옷에 보관)

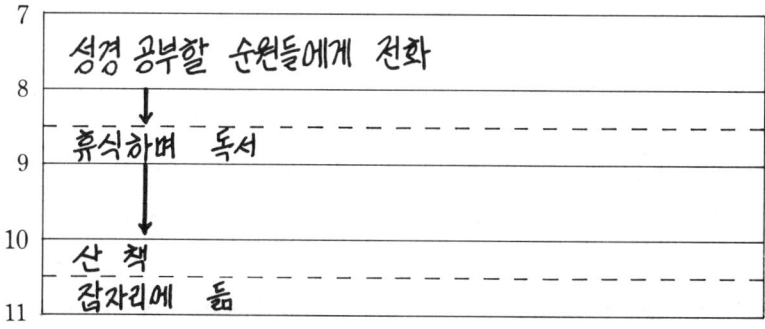

다시 당신 차례이다.

지금 당신이 예를 생각해 보고, 당신이 자신의 시간으로 하루 계획했던 짧은 시간대가 당신이 선택을 세우기를 원한다. 내일부터 시작해 보겠는가? 혹시, 당신이 아침에 이 책을 읽고 있다면 당신은 오늘의 나머지 시간을 계획할 수 있다.

당신이 계획했던 짧은 시간대가 당신이 선택한 날에 있다면 그것을 다시 계획할 필요가 없기 때문에 그 시간을 피하여 계획을 세워라.

계획할 날을 선택했다면 수행할 준비가 된 것이다. 예를 든 것과 같이 기도로 시작하고 당신의 시간을 계속 활용할 수 있는 행위들을 깨끗한 종이에 재빨리 기록한다. 당신의 제1목표를 위한 우선 순위의 행위들을 당신의 목록에 포함시키는 것을 잊지 말라.

두번째, 행위들 중에 어떤 것을 할당할 것이지에 대해서 사용할 적절한 기호를 결정하라.

세째, 나머지 행위들에 우선 순위를 따라 번호를 기록한다.

네번째, 우선 순위에 따라 당신의 행위들을 계획하라. 예를 든 것과 같이 당신이 계획한 것을 적용할 수 있을지라도 더 세밀한 계획을 위하여 당신은 사무실에서 공급하는 결과의 다른 면에서 저장된 것을 모든 것에 유효한 여러가지 하루 계획에 이용할 수 있을지 모른다.

결 어

축하한다! 당신은 지금 당신의 시간을 계획하는 방법을 배웠고 적용했다. 만약 당신이 매일 이것을 행한다면 그것은 당신이 시작한 그 어떤 좋은 습관 중에 하나가 될 것이라고 확신할 수 있다. 그것은 바울이 에베소서 5장 15, 16절에서 우리 모두에게 강권했던 것과 같이 당신의 시간을 최대로 활용하는 데 큰 도움이 될 것이다. 그것은 당신이 우선 순위의 행위들을 실제로 이행하여 당신의 목표를 성취할 수 있게 된다는 것을 알게 됨으로써 만족감을 가지고 당신의 날들을 회고해 볼 수 있게 할 것이다.

　물론, 이것은 당신이 계획했던 바를 실제로 실천에 옮긴다는 것을 가정할 때 이루어진다. 아마도 당신이나 많은 사람들에게는 이것을 실행하기 보다는 말로 그치기가 쉬울 것이다. 다음 장에서는 당신이 무엇을 할 것인가를 결정하고 그것을 이행하는 방법을 배우게 될 것이다.

제 5 장
당신의 계획을 실천하면서

나는 어떤 특출하면서도 인상적인 계획을 보았는데, 그 계획은 그것을 세운 사람에게는 조금도 유익한 것이 아니었다. 그 이유 중 한 가지를 간단히 말하면, 그 계획들은 전혀 이행되지 않았기 때문이었다. 우리는 종종 어떤 일을 하려고 의도하면서 그것을 기록하기도 하지만 끝까지 실천에 옮기는 데에는 실패하고 만다. 만약 그러한 일이 발생한다면 우리가 계획을 세우고 예정하는 시간은 낭비이며 하나님께서 우리에게 보여주신 우리의 가능성은 크게 줄어든다.

고린도후서에서, 우리는 실행하지 못한 의지에 대한 성경적인 최초의 예를 볼 수 있다. 이 때의 상황에서 고린도 교회는 성도들의 필요를 따라 얼마의 돈을 증액하기로 작정했었으나 그들은 그것을 이행하지 않았다.

고린도후서 8장 10, 11절에서 바울은 다음과 같이 권고한다. '나는 여러분이 일년 전에 시작하려고 하던 것을 끝내기를 제안합니다.… 처음 시작할 때의 당신의 열정적인 생각들을 지금 현실적인 행동으로 옮기십시오'(Living Bible에서)

이 장의 목적은 당신이 실천해 나갈 수 있도록, 그리고 긴장을 풀고 민감한 상태를 유지할 수 있도록 도와 주는 것이다. 내가 발견한 가치있는 네 가지 원리, 곧 동기와 규칙과 민감성, 그리고 평화를 당신과 함께 나누고 싶다. 이 원리들은 그들의 1단계, 2단계 등으로 실천할 수 있다는 의미에서의 '방법'이 아니라, 당신이 하루 일과를 전개해 나갈 때 당신이 유추해 낼 수 있는 일반적인 개념이다. 이것이 어떻게 행해 지는가를 당신에게 보여주기 위해서 나는 어떤 사람이 이 개념을 자신의 상황에 어떻게 적용했는가를 예로 삼아 이 장을 끝낼 것이다.

동기는 열쇠이다.

빌립보서 2장 13절에서 우리는 들었다. '너희 안에서 행하시는 이는 하나님이시니 자기의 기쁘신 뜻을 위하여 너희로 소원을 두고 행하게 하시나니' 약간 바꿔서 말하면, 하나님께서는 우리의 욕망을 변화시켜 주시기 위하여 우리 안에서 일할 수 있음을 의미한다. 당신의 계획을 실천하는 부분에서 내가 당신에게 줄 수 있는 가장 중요한 열쇠는 아마도 하나님께서 당신에게 올바른 동기를 부여해 주시는 것일 것이다.

만약 우리가 어떤 일을 하고 싶다면 우리는 그것을 하고자 의도한다. 보통 우리는 주어진 어떤 행위에 대하여 하고 싶다거나 하기 싫다거나 하는 견해를 가진다. 우리가 하고 싶은 행위를 '아이스크림 행위'라고 부른다면 우리가 하고 싶지 않은 행위를 '간(肝) 행위'라고 부를 수 있다. 나는 본능적으로 아이스크림은 좋아하지만 간은 좋아하지 않는다. 만약 아이스크림 뿐만 아니라 간도 나에게 좋은 것이라면 매우 쉽게 건강해 질 수 있음을 발견하게 될 것이다.

내가 하루 종일 해야 할 일이 '아이스크림 행위들'이라면 나에게는 문제가 없다. 왜냐하면 나는 진정 하루 종일 그 행위들을 하고 싶어할 것이기 때문이다. 반면에 내가 결국에는 해야만 할 행위들일 경우까지도 나는 어떤 변명을 하면서 '간 행위들'을 연기하고자 할 것이다. 나는 하루 일과의 마지막까지 행해 지지 않은 '간 행위'들의 항목들이 있음을 발견하곤 한다. 왜냐하면 규칙은 내가 싫어하는 일을 했을 때에 그 대가로 충분한 보상을 주는 것이 아니기 때문이다.

만약 내가 즐겁게 할 수 있는 것만 하루 종일 한다면 하루의 일과는 좀더 재미있고 생산적으로 진행될 것이다. 이제 나에게는 '간 행위'에 대한 신뢰할 수 없는 관계가 되든지, 혹은 이전에는 싫어했던 일을 좋아하게 되는 방법을 배우든지, 이 둘 중에 한 가지를 선택하는 것만 남아 있다. 빌립보서 2장 13절의 능력있는 진리의 말씀은 나에게 헤쳐 나아갈 길을 제시한다. 하나님께서는 내가 좋아하는 것과 싫어하는 것을 변화시킬 수 있다! 나는 지금 그 분에게 구하고 그 분을 믿어야 한다.

나는 종종 청중들에게 묻는다. "여러분 중 몇 명이 그리스도인이 되기 전에 성경 공부를 즐기셨습니까?" 아무도 대답하지 않았다. 그리고 나서 나는 또 묻는다. "그리스도인이 된 후에 성경 공부를 즐겨하시는 분은 얼마나 됩니까?" 거의 모두는 아니겠지만 많은 사람들이 "예"라고 대답한다. 왜 그런가? 그것은 하나님께서 그들의 삶 속에 역사하시어 그들의 욕망을 바꿔 놓았기 때문이다.

나의 삶 속에서도 이와 같은 일이 발생했음이 사실이다. 나는 지금 성경 공부를 좋아한다. 왜냐하면 하나님께서 나의 욕망들을 바꿔 놓았기 때문이다. 하나님께서는 또한 다른 행위들에 대한 나의 욕망도 변화시켰다. 지금의 나는 이전에 매우 지겹다고 생각했던 많은 일들을 좋아하게 되었다.

분명히 당신도 좋아하지는 않지만 꼭 해야 하는 어떤 행위들이 있을 것이다. 그 행위가 하나님의 뜻에 일치하는 한, 당신은 진정한 열의를 가지고 기도할 수 있고 그 행위에 대한 마음의 변화를 생각하면서 믿음으로 나아갈 수 있다.

하나님께서 우리에게 모든 일을 할 때 기쁨으로 할 것을 명령하셨음을 기억하라(빌립보서 4:4~7). 그리고 그 분은 우리가 즐거운 마음으로 기꺼이 할 수 없을 때에는 결코 그것을 억지로 하도록 요구하시지 않는다.

만약 하나님께서 그 모든 일을 즐겁게 할 수 있도록 만드실 것이라고 믿는다면 그 얼마나 기쁜 나날이 될 것인지 잠간 생각해 보라. 나는 그날에 마지막으로 해야 할 일에도 아침에 시작할 때와 같은 새로움을 느끼게 되는 것을 종종 개인적으로 발견하곤 한다.

동기는 보이는 목표를 지속시킴

행위를 위한 동기의 또 다른 목적은 당신이 계속적으로 그 행위를 해야 할 이유를 가지는 것이다. 당신의 행위에 대한 장기간의 유익을 생각해 볼 때 짧은 기간의 불편함은 그렇게 크게 나타나지 않을 것이다.

예를 들어, 어떤 젊은 아가씨가 냉장고 문에 있는 손잡이 바로 위에 꼭 끼는 수영복을 입은 날씬한 몸매의 모델 사진을 붙여 놓고, 자신의 몸무게를 걱정하고 있다는 이야기를 들어 보았는가? 그 아가씨는 음식을 줄이거나 참아야 할 때 자신이 왜 그렇게 해야 하는지를 일깨우고 결국에는 사진처럼 날씬하게 변할 자신의 모습을 생각하며, 그 모델의 사진을 바라본다. 그러면 냉장고 속의 음식물을 포기하고 맨손으로 되돌아가기가 더욱 쉬워진다.

나는 종종 이 전략의 적절한 방법으로 '지금 당신이 도달함'이라는 표제와 함께 비키니 수영복 차림의 뚱뚱한 여자 사진을 냉장고 안에 놓는 것을 생각해 본다.

나는 사무실에 2개의 커다란 세계 지도를 걸어 놓았다. 이 두 개의 지도는 나에게 내가 하고 있는 일의 궁극적인 목적은 그리스도를 위한 세상이 이루어지도록 돕는 것임을 상기시켜 준다. 때때로 내가 지시를 하거나 성격상 별로 흥미가 가지 않은 다른 종류의 보고서를 작성할 때 나는 힐끗 이 지도들을 보고, 내가 하고 있는 일이 매우 가치있고 바람직한 의도를 지닌 것임을 생각하게 된다. 그래서 나는 계속 추진할 수 있도록 자신감을 가지게 된다.

당신은 자연적으로 즐겁지 않은 일을 왜 하는지 그 이유를 생각나게 하는 상징이나 의미있는 사진을 사용하기 원할지도 모른다.

모든 것에 유용한 규칙

성공적인 계획 달성의 두번째 요소는 규칙이다. 물론 어떤 사람은 별 노력없이 자연스럽게 이 유용한 특성을 얻는 것같지만 그렇지 못한 사람들은 우리의 계획을 실천으로 옮겨 달성시키는 일이 참으로 전쟁일 수 있다.

다행히 우리는 그 전쟁에서 승리할 수 있다. 왜냐하면 성령의 열매 중 하나가 자신의 절제이기 때문이다. 1장에서도 언급한 것처럼 '절제'로써 번역된 헬라어 단어는 글자 그대로 '힘을 조절함'이란 말, 혹은 조절하에 있는 능력을 의미한다. 우리가 그리스도인으로 점차 성숙해질 때 이 능력은 더욱 더 우리의 삶을 특징지을 수 있다.

문제는, 어떻게 우리가 그리스도인으로서 절제하는 이 규칙을 지켜 나갈 수 있는가 하는 점이다. 그 대답을 요한일서 5장 14, 15절에서 발견할 수 있다. '그를 향하여 우리의 가진 바 담대한 것이 이것이니 그의 뜻대로 무엇을 구하면 들으심이라 우리가 무엇이든지 구하는 바를 들으시는 줄을 또한 아느니라'

이 성경 구절에서 볼 때, 우리는 주님으로부터 우리의 필요한 것을 얻기 위해서 필요한 2가지 조건이 있음을 알게 된다. 첫째는 우리가 바라는 것이 우리의 생명을 위한 하나님의 뜻과 일치하는가 하는 점이요, 둘째는 우리가 실제로 우리의 원하는 것을 위하여 그 분에게 구하는 시간을 가졌는가, 또한 그 분이 우리의 기도에 응답할 것이라고 믿는가 하는 점이다.

사실상 당신은 그 분의 인도하심에 따라 당신이 세운 계획을 달성하고자 할 때에 적용한 규칙이 하나님의 뜻이었다고 믿는가? 확실히 그렇다거나 혹 그렇지 않다면 그 분은 당신에게 필요한 절제를 약속하지 않았을 것이다. 그러면 당신이 필요한 것을 믿음으로 주께 구하고 그가 당신의 생활에 규칙을 가져다 주실 것을 믿는 것만이 남았다.

특별한 상황에 대한 규칙

나는 주일 학교에서 구성원 학생들 중에 두 명이 전에 알콜 중독자였다는 이야기를 주제로 삼아 가르친 기억이 있다. 우리의 힘으로는 절제할 수 없을 때 주님께서는 우리에게 자아 절제를 공급하여 주신다는 사실을 이야기하자 그 두 명의 학생들은 확신에 찬 동의를 보이며 머리를 끄덕였다. 그들에게 있어서 자아 절제는 알콜을 금하는 데에 적용되었다. 그러나 이와 같은 규칙은 하나님의 뜻을 수행하도록 요구되는 그 어느 상황에서든지 적용될 수 있다.

나는 생활 속에서 새로운 계획을 시작할 때 규칙을 적용하는 특별한 방법이 필요함을 발견했다. 그래서 내가 새로운 것을 시작해야 했을 때 나는 하나님께 그 해결책을 주실 것을 구하고 나서 믿음으로 시작한다. 일반적으로 그 계획은 내가 진행할 때에 순조롭게 되는 듯하다.

언젠가 나는 성공적인 사업가가 주장한 이야기를 들었다. 그는 어떤 행동을 취할 최선의 방법은 그것을 시작하는 것이라고 말했었다. 이 독특한 친구는 미시간 호에 사는데 그가 찬물에서 수영할 수 있었던 유일한 방법은 단순히 뛰어드는 것임을 발견했다고 한다. 물이 그의 목에 찰 때까지 힘들여 나가는 것은 아무 효과가 없다. 그는 자신의 기술을 '돌진함' 접근 방식이라고 부른다. 당신이 무엇을 하든지 돌진하는 자세를 취할 때 하나님께서는 그 필요한 규칙들을 제공하실 수 있다. 나도 역시 어떤 계획이 특별히 장기간 걸리는 것일 때에, 내가 그 계획을 계속 밀고 나갈 수 있는 규칙이 필요함을 느낀다. 예를 들어 이 책을 저술하는 데에는 오랜 시간이 걸렸는데 그것은 내가 끝까지 꾸준히 할 수 있게 한 하나님의 특별한 훈련 방법이었다. 고린도 사람들은 분명히 우리가 본 것처럼 똑같은 부족함을 가지고 있었다.

그래서 바울은 그들에게 그들이 하려고 작정했던 것을 완전히 완성하도록 격려했다.

당신도 당신 자신의 실제적인 경험, 즉 반복되는 훈련을 통한 보다 구체적인 경험이 있을 것이다. 특히 이것은 계획이 실제적으로 완성되었을 때 대부분의 사람들에게 사실로 나타난다. 그러나 그것이 행해져야만 할 때에는 진정으로 행해지지 않는다. 다시 당신은 필요한 규칙을 제공하시며 당신을 끝까지 지켜보아 주시는 주님을 의지할 수 있다. 단순히 믿음으로 주님께 구하라. 그때 당신의 믿음의 증거로써 행하라. '이와 같이 행함이 없는 믿음은 그 자체가 죽은 것이라(야고보서 2 : 17)'

하나님께와 사람들에게 향한 민감성

효과적인 계획 달성에 있어서 세째 요소는 하나님의 인도하심에 대한 민감성과 사람들의 필요에 대한 민감성이다.

요한복음 10장 27절에 예수님께서 말씀하시기를 '내 양은 내 음성을 들으며 나는 저희를 알며 저희는 나를 따르느니라'고 하셨다. 우리가 무엇을 하든지, 우리가 계획을 달성하든 못하든간에 우리는 항상 하나님의 인도하심에 민감해야 한다.

우리가 계획을 잘 하게 될 때 때로 하나님께 대한 우리의 감각은 무디어지기 쉽다. 또한 주께서 원하시는 일이 예상치 않게 발생될 때 하나님께서는 우리에게 지시하실 수 있는 위치에서 우리의 계획을 사용하신다. 그러나 만약 이때에 우리가 하나님께 대한 존경심이 없는 계획 속에 갇혀 있다면, 우리를 위하여 그 분께서 가지고 계신 것을 우리가 놓칠 수 있다.

예로써 이 장의 마지막 부분에서 우리는 하루의 일과 중에서 평범하게 발생되는 일들에 방해되는 것들을 조정하는 특별한 방법을 알게 될 것이다. 그러나 여기서 기억해야 할 원칙은 하나님께서 보내시는 느낌에 항상 민감하게 반응하는 것이다. 바로 그것이 우리에게 원하시는 하나님의 궁극적이며 순수한 계획이고 우리 앞에 놓여 있는 계획들은 그 계획의 초안임을 기억해야 한다.

물론 여기서 주의해야 할 점은, 하나님은 단지 느낌들의 근원이 아니라는 사실이다. 때때로 우리는 우리의 느낌들이 하나님으로부터 오는지 우리 자신으로부터가 아닌 사단으로부터 오는지 확신할 수 있도록 우리의 느낌들을 검사해 볼 필요가 있다.

느낌들을 조정하는 최선의 방법은 내가 항상 성령 안에서 걷고 있는가를 먼저 확신하는 것임을 나는 발견했다.

그러면 나는 어떤 면에 있어서 나의 계획이 바뀐다는 느낌을 받을 때 단순히 기도하고 하나님께 그 느낌이 그 분에게서 온 것인지 확신할 수 있도록 구한다. 어떤 새로운 느낌이, 하나님께서 행하실 것이라고 내가 느꼈던 몇 가지 일과 완전히 어긋날 때 나는 의심을 한다.

고린도전서 13장 1~3절에서는 만약 우리가 천사의 말을 하고 예언을 하고 모든 것을 알고 우리의 생명조차 버린다 할지라도 만약 사랑이 없으면 우리의 인생은 완전히 실패한 것임을 발견한다. 내가 여기에 덧붙이고 싶은 것은, 만약 우리가 사람들에게 무감각하고 사람들에게 공격적이면서 우리의 계획을 종교적으로 달성한다 할지라도 우리는 또한 실패한다는 것이다.

우리는 마태복음 14장에서 균형있는 예수님의 과단성과 민감성을 교훈적인 본보기로 볼 수 있다. 예수님은 세례 요한의 죽음을 듣고 홀로 기도하시기를 원했다. 그러나 군중들은 그 분에게 치료받으려고 밀려 들었다. 예수님은 그들을 불쌍히 여기셔서 계획을 변경하셨다. 그 분은 그들을 기적적으로 고치시고 먹이셨다. 그런 다음 제자들을 먼저 여행을 보내시고 군중들을 보냈다. 마지막으로 그 분은 혼자 기도하기 위하여 산에 올라가셨다. 이러한 그 분의 행위는 그 분의 근원적인 의도였다.

하나님의 평화

빌립보서 4장 7절에서 우리는 약속을 받았다. '그리하면 모든 지각에 뛰어난 하나님의 평강이 그리스도 예수 안에서 너희 마음과 생각을 지키시리라' 성공적인 계획 달성에서의 네째이자 마지막 요소는 단지 하나님만이 제공하실 수 있는 평화이다.

대부분의 사람들은 결국에 어떤 일을 효과적으로 해내지 못할 것이라는 두려움을 압력으로 받을 수 있다. 특히 일이 과중할 때 우리는 산더미 같은 일에 굴복하고 환경에 의하여 좌절되는 경향이 있다.

어떤 환경에서든지 당신은 자신의 계획이나 혹은 다른 영역에서 일어나는 문제에 직면하게 된다. 절제나 규칙과 같이 평화도 성령의 열매 중에 한 부분이기에 같은 방식으로 믿음으로써 수행해 나갈 수 있음을 깨달아야 한다.

예수님의 생애를 통해서 예수님께서는 우리에게 환경에 기초하지 않은 평화의 예를 보여 주신다. 예수님께서는 돌아가시기 직전에 요한복음 17장 4절의 말씀과 같이 하나님께 아버지의 영광을 위하여 모든 일을 할 수 있도록 기도하셨다.

'잃어버린 자를 찾고 구원하시려고' 지상에 오신 분이 계신다. 그 분은 죽음 전날에 아직도 세상에는 잃어버린 자가 많이 있음을 알고 계셨다. 그러나 예수님께서는 평화로운 상태에 있었다. 왜냐하면 그 분은 그의 지상 전도 사업에 있어서 그에게 요구되었던 모든 일을 행하셨음을 깨달았기 때문이다.

이와 같은 평화가 그리스도인으로서의 우리의 삶을 특징지워 준다. 만약 우리의 삶을 풍성하게 하는 최우선 순위의 일이 나타나도록 하나님께 기도하면서 구한다면, 그리고 우리가 진실로 이러한 것을 달성하기 위하여 최선을 다한다면, 동시에 우리의 계획 속에서 어떠한 변화에도 우리를 민감하게 하시는 하나님을 신뢰한다면 그때 우리는 행하지 않는 일에 당황할 이유가 없다.

우리는 단지 하나님께서 우리에게 주신 시간 안에 많은 일을 할 수 있다. 만약 그 분이 요구하시는 일을 우리가 한다면 그때에 우리는 예수님처럼 하나님을 영화롭게 한 것임을 알 수 있고 우리는 평화를 경험할 수 있다.

만약 당신이 마음에 평화가 없다는 이유로 당신이 직면한 어떠한 환경이든지 극복할 수 있도록 어떤 특별한 방법을 주실 것을 하나님께 기도하며 요구한다면 어떠한 어려움에도 불구하고 모든 일을 다 행할 수 있다. 만약 당신이 그 문제들에 조용히 다가가서 마음 속에 있는 긴장감을 완화시킨다면 당신이 그날의 문제들을 해결하는 데에는 더욱 더 효과적일 것이다.

내가 아는 어떤 사람들은 그들의 해야 할 일들 때문에 심지어 밤잠을 설치기까지 했다. 나는 침대 옆에 종이를 놓아 둔다. 밤에 문제가 떠오르기 시작하면 나는 그것을 적어서 내가 가진 고민들이 해결되도록 하나님께 기도한다. 베드로전서 5장 7절 말씀은 우리가 어떠해야 하는지를 알려 준다.

'너희 염려를 다 주께 맡겨 버리라 이는 저가 너희를 권고하심이니라' 그때 나는 하나님을 찬양하고 이 일에 대한 하나님의 준비하심에 감사드린다. 그러면 나의 마음은 문제 대신에 하나님으로 가득찬다. 이것은 바로 빌립보서 4장 4~8절에서 우리의 행할 바를 명령받은 것이다.

본보기

우리는 지금까지 성공적으로 계획을 달성시키는 4개의 개념들을 예로 들어 봤다. 이러한 개념들, 곧 동기와 규칙과 민감성 그리고 평화는 당신이 계획한 것들을 수행할 때에 당신이 '로보트'가 된다거나 어떤 걱정거리로 가득차지 않도록 도울 것이다. 또한 그 개념들은 하나님께 영광을 돌리고 당신에게는 깊은 만족감을 줄 수 있는 측면에서 당신의 목표들을 깨닫도록 도울 것이다.

이러한 개념들을 당신의 일상적인 생활에 어떻게 관련시킬 수 있는지 그 예를 좀더 살펴보기 위해서 나는 이러한 개념들을 적용한 사람의 생활 중 하루를 당신에게 알려 주고 싶다.

존은 바쁘게 생활한다. 그는 150명에서 200명의 그리스도인을 위한 관리 훈련 세미나 준비로 개발과 정리에 관한 일을 하고 있다. 게다가 그에게는 모임, 편지와 기획에 대한 평상적인 계획도 있다. 그러나 그 세미나가 점점 다가올수록 세미나는 최우선 순위가 되었고 등록자의 총수는 예상외로 저조했다.

잠재적인 참석자의 새 그룹은 우편물을 통하여 채택하고, 전에 관련된 사람들에게 더욱 격려함으로써 참석할 것을 당부할 필요가 있었다. 존은 아침에 천천히 움직이는 사람이어서 항상 몇 분 늦게 사무실에 도착한다. 그는 최근에 약간의 개인적인 좌절을 경험하였고 때때로 그의 직업에 대한 회의로 방황도 하였다.

그러나 존은 그리스도와의 개인적인 교제를 통하여 자신에게 효과적인 자원들이 무엇인지 알고 있다. 그는 즉시 책상에 앉아 자신의 일을 효과적으로 할 수 있는 데에 필요한 지혜와 동기를 하나님께 구했다. 하나님께서는 존이 도움을 요청할 때마다 약속하셨던 동기와 규칙을 매우 성실하게 제공해 주셨다. 오늘 존은 자신이 책임진 일을 즐겁게 행할 수 있도록 하나님께서 허락해 주실 것을 상세히 요청한다. 왜냐하면 그는 자신이 하고 있는 일을 즐겁게 할 때 그 일에 대한 동기를 더욱 얻을 수 있음을 알기 때문이다. 기도할 때 존은 그 세미나가 그의 조직의 목표에 얼마나 기여를 할 것이며, 참석하는 개개인에게 얼마나 지도력과 관리 기술을 세워 줄 수 있는가를 생각했다. 그는 모든 사람들과 관련된 것들의 유익을 생각한다.

존은 자신이 해야 할 일에 관하여 흥분된 상태였지만 지금 새롭게 편지를 쓰는 첫단계의 일을 할 수는 없었다. 그때 그는 자아 절제가 성령의 열매 중에 한 부분인 것을 기억하였고, 그래서 그는 규칙에 대한 기도를 하고 연필을 들어 필요한 지혜를 제공해 주실 것을 위하여 하나님께 요청하면서 기록하기 시작했다.

편지지와 등록 카드는 준비되었으나 타이프 치는 것과 인쇄도 해야만 했다. 죤이 비서에게 그 편지를 전달하기 위해 사무실을 막 떠나려고 할 때, 사장이 그에게 주말까지 완성해야 할 새로운 기획을 지시하기 위해 들렸다. 죤은 순간적으로 좌절했으나 그는 그 새롭게 지시된 문제가 자신의 삶을 위한 하나님의 뜻의 일부분이라는 것을 깨달으면서 하나님께서는 그의 사장을 자신보다 높은 자리에 두셨음을 기억했다.

죤은 비서에게 가서 그 편지지와 안내문에 타이프 치고 인쇄해야 할 것을 설명한다. 비서는 그에게 세 사람으로부터 전화가 왔는데 그들이 곧 전화해 줄 것을 바란다고 알려 주었다. 그들은 그의 부인과 지방에 있는 친구 그리고 그 세미나에 대한 정보를 요구한 목사님이었다. 그러나 죤에게는 이미 예정된 회의를 위하여 기다리고 있는 스미쓰 씨와의 약속이 최우선 순위였다.

죤은 급히 하나님께 지혜를 요청했다. 그는 비서에게 스미쓰 씨를 사무실로 모셔오도록 하였고, 그에게 커피를 대접하면서 집에 간단히 전화를 걸었다. 죤의 부인이 온수 가열기에 관해 이야기 할 때, 그녀가 그것을 고쳐 달라고 말했던 일이 생각났다.

그날은 좀처럼 쉽지 않았다. 죤은 관리 훈련 세미나에 관한 편지를 권해야 할 30명의 목사님들에게 전화를 거는 것이 개인적으로 필요한 일이었다. 그날 하룻 동안 압박감이 형성되었을 때 그 계획들은 유용한 시간보다 더 크게 나타났고 좌절과 걱정은 죤에게 더욱 더 엄습해 오기 시작한다. 그는 충실한 청지기가 되기를 원했으나 책임은 불가능한 듯 했다.

이때에 죤은 하나님께서 약속하신 평화를 구하면서 다시 기도하고 하나님의 놀라우신 특성을 기억한다. 그의 하나님은 어떤 일이라도 조절 능력을 잃어버리시는 분이 아니다. 하나님은 그의 시간 계획을 포함한 그의 모든 부족함을 알고 계신다.

존은 자신이 기대했던 것보다 조금 더 머무른다. 그러나 그는 마침내 그날 할 수 있는 일을 모두 하겠다고 결심한다. 존은 긴장을 풀고 자신의 노력에 대한 마지막 결과에 대해서는 하나님을 신뢰하기로 결심하고 집으로 돌아간다.

  인생은 때때로 매우 바쁠 수도 있다. 하나님께서는 미리 준비하셨던 동기, 규칙, 민감성, 그리고 평화를 우리에게 주실 수 있다. 우리가 하고자 하는 모든 일을 하나님께 구하고 믿음으로 한 걸음씩 나가면 된다.

  이 장을 마치기 전에, 이미 제시된 4개의 원칙들 중에 당신에게 가장 부족한 영역 한 가지를 선택하라. 다음날이나 그 다음날에 그 원리를 적용할 수 있도록 상세한 방법들을 생각하라. 당신이 그 일을 달성할 수 있도록 하나님의 도움을 요청하면서 기도하라.

제 6 장
시간을 배가시키는 방법

   몇 년 전, 나는 퍼듀 대학에서 열리는 훈련 세미나에 참석한 일이 있었다. 내가 기숙사 생활을 하게 된 이후로 처음 갖게 되는 세미나였다.
   내가 잠에서 깨어난 첫날 아침, 나는 옆에 누워 있는 친구가 깨지 않도록 조용히 침대에서 빠져나와 목욕탕이 있는 아래층으로 내려가 샤워 준비를 했을 때 머리를 감을 샴푸를 가지고 오지 않았음을 발견했다. 그래서 나는 다시 내 방으로 되돌아와 살며시 샴푸를 가지고 샤워하러 내려갔고 그때 다시 수건이 없음을 알았다. 집에서는 수건이 늘 샤워실에 놓여 있었다.
   할 수 없이 또 다시 내 방으로 돌아가 수건을 가져왔다. 두 차례나 오르내린 후 비로소 샤워를 했다. 그 일은 아마도 좋은 일일 것이다! 나는 내일 아침에는 한번에 모든 준비를 마쳐야 한다는 것을 기억해야만 한다.
   아마 당신도 이와 비슷한 경험을 했었을 것이다. 당신은 어떤 기획을 완성하고 나서야 비로소 그 일의 도중에 다른 일도 해야 한다는 것을 깨달은 적이 있는가? 당신은 시내 쇼핑을 다녀오는 길에 다른 어떤 것도 사야 했는데 그것이 뒤늦게 생각난 적이 있는가? 당신은 자원봉사로 어떤 사람을 따라다니며 일을 하는 상황에서 그 사람이 그의 임무를 매우 신속하고도 효과적으로 수행하는 요령이 있음을 알게 된 적이 있는가?

당신의 시간을 배가시켜라.

순간 순간 우리는 좀더 효과를 내기 위해서 우리의 시간을 배가시켜야 하는 기회를 때로는 이것이 한번에 두 가지 일을 함으로써 이루어지기도 한다. 우리가 최선의 방법으로 일을 하기 위해서 지금 하고 있는 한 가지 일을 주의 깊게 생각하는 문제는 간단하다. 어쨌든 우리가 우리의 시간을 늘릴 때 우리는 우리가 가지고 있는 매 순간마다 최고로 가능한 일을 성취하고 각각의 행위에 만족하게 된다.

성경은 무엇을 말하는가?

성경은 우리가 실제적이며 유능한 사람이 되도록 고무시켜 준다. 예를 들어 당신은 이 책 제1장에서 언급된 마태복음 25장에서의 재능의 비유를 기억하는가? 하나님께서는 우리에게 투자한 자원이 잘 활용되기를 바라신다.

낭비 문제와 관련해서는 마가복음 6장 35~44절에 자세히 말씀하신 것과 같이 5,000명의 먹이심을 생각해 보라. 43절에 보면 모든 사람이 먹기를 마쳤을 때, 제자들은 남은 빵을 12광주리에 담았다. 우리는 이와 비슷하게 4,000명을 먹이신 상황을 볼 수 있다. '배불리 먹고 남은 조각 일곱 광주리를 거두었으며(마가복음 8:8)', 마가복음 8장 19, 20절에서 예수님께서는 제자들에게 두 경우에 있어서 남은 빵조각을 모은 광주리 숫자를 정확하게 기억하도록 하셨다.

그리스도께서는 두 가지 위대한 기적을 행하셨다. 음식을 만들어 내시고 큰 무리조차 굶주림에서 벗어나게 하셨다. 그리고 남은 것을 버리지 않으시고 나중에 쓰시기 위하여 조심스럽게 저장하셨다. 더

구나 성경은 귀중한 나머지 물건들에 대하여 되풀이해서 기록한다. 나는 하나님께서 우리가 낭비하지 말아야 할 좋은 본보기를 우리에게 보여주신 것으로 여긴다.

골로새서 4장 2~6절에서 우리는 우리가 하는 일에 있어서 더 효과적인 것을 강조하는 말씀을 볼 수 있다.

> '기도를 항상 힘쓰고 기도에 감사함으로 깨어 있으라 또한 우리를 위하여 기도하되 하나님이 전도할 문을 우리에게 열어 주사 그리스도의 비밀을 말하게 하시기를 구하라 내가 이것을 인하여 매임을 당하였노라 그리하던 내가 마땅히 할 말로써 이 비밀을 나타내리라 외인을 향하여서는 지혜로 행하여 세월을 아끼라 너희 말을 항상 은혜 가운데서 소금으로 고루게 함 같이 하라 그리하면 각 사람에게 마땅히 대답할 것을 알리라'

골로새 사람들은 헌신과 용의 주도함, 그리고 게으름과 잠자는 것을 놓고 기도했다.

그들도 한 번에 두 가지 일을 했다. 곧, 감사하는 태도를 가지고 바울과 자신의 동료들을 위하여 기도했다. 바울은 자신의 설교가 명백하기를 원했다.

골로새 사람들은 외부인들과의 관계에서 대체로 지혜롭게 행하였는데, 말할 때에는 민감하게 반응을 보이고 주의 깊게 선택한 단어를 사용하였다.

우리에게 진정한 메시지는 바로 여기에 있는 듯하다. 곧 어떤 일을 잘 하는 것이다. 이것은 고린도전서 10장 31절 말씀으로 보강된다. '그런즉 너희가 먹든지 마시든지 무엇을 하든지 다 하나님의 영광을 위하여 하라'

하나님의 지혜는 유효하다.

우리가 시간을 최대로 사용해야 하는 것은 하나님의 뜻이기 때문이며, 하나님께서는 우리에게 지혜를 공급하셔서 그렇게 할 수 있도록 도우신다. 잠언 2장 7절에서 하나님께서는 우리에게 '정직한 자를 위하여 완전한 지혜를 예비하시며'라고 말씀하셨다. 그리고 고린도전서 2장 16절에 그리스도의 마음을 가진 그리스도인이라고 말씀하셨다. 그러므로 어떤 일을 최대한 효과적으로 하기 위해서 당신이 쩔쩔맨다면 당신이 하나님의 인도하심을 구하기 위해서 하나님께 점점 다가가고 있음을 기억하라.

이 장의 마지막 부분에서, 내가 효과를 증가시키려 노력했을 때 나에게 큰 도움이 되었던 몇 가지 생각들과 방법들을 당신과 함께 나누어 보고자 한다. 첫째, 나는 당신이 당신의 시간을 늘리는 것에 대하여 일반적으로 어떻게 생각할 수 있는가를 당신에게 보여주고자 한다. 그리고 나는 여러 가지 다른 상황에서도 늘릴 수 있는 약간 특별한 암시를 드릴 수 있다. 일반적인 접근 방법을 배울 때의 유익함은 당신이 넓고 다양한 환경에 대처할 수 있고 그리고 효과면에서 급속한 향상을 볼 수도 있고 적용할 수도 있다.

일반적인 접근

당신은 제 3장에서 언급되었던 계획하는 방법의 요점을 기억하는가? 그것은 5단계로 구성되는데, 곧 기도하고, 목표를 세우고, 계획을 짜고, 예정하고, 그리고 예산을 세우는 것이다. 어떤 상황에서든지 최대의 효과를 위하여 나 자신을 시험해 보는 일에는 세분화된 많은 문제들이 있다. 요약하면, 그 계획들이 기본적으로 사용되기에 편리한 좋은 계획인가를 검토하고 나서 당신의 효과를 최대화시킬 수 있는 대표적인 생각들이 뒤따른다.

기 도

당신은 기도해 보았는가? 그것이 세분화된 기도였는가? 마음 속에 떠오르는 성경 구절이 있는가? 기도 후에 당신의 마음 속에는 어떤 생각이 나는가? 이 기도를 다른 사람이 함께 하는 것도 괜찮은가? 이 계획을 성취하는 데에 하나님의 힘이 아니라 당신 자신의 힘을 기본적으로 신뢰하고 있다는 느낌을 가져본 적이 있는가? 기도로 확신하고 하나님께 그의 지혜와 능력을 구하라.

목표를 세움

당신은 왜 이 계획을 하고 있는가? 당신은 무엇을 성취하려고 노력하는가? 당신이 무엇을 이루려고 한다는 변명 같은 의도에 들어있지 않은 여분의 생각들을 그 의도에 포함시키지 말라. 당신이 당신 자신을 위하여, 가족을 위하여, 직업을 위하여 결정한 것은, 당신이 당신의 목표에 더욱 다가가는 것인가? 만약 그렇지 않다면 다른 이유 때문에 이 일을 하도록 강요받고 있는가? 강요받지 않는다면 당신은 왜 그것을 하고 있는가? 만약 당신이 그 일을 하지 않는다면 어떤 일이 발생할 것 같은가? 중요한 일이 전혀 발생하지 않는다면 그 일을 중단하도록 고려해 보라.

그 계획의 목표는 그 일에 관계된 모든 이에게 명백히 제시되었는가? 만약 그렇지 않다면 보다 명백히 하는 데에 도움을 줄 수 있는가? 기도 이외에, 목표를 성공적으로 이루는 데 가장 중요한 역할을 하는 것은 누구나 잘 이해할 수 있는 명확한 목표를 세우는 것이다.

회의에 참석할 때 내가 가장 많이 하는 질문은 "이 회의의 목적은 무엇입니까?"이다. 대부분 그 분명한 목적이 없거나, 있어도 사람들에게 이해되지 못하면 진전되기가 어려울 것이다. 나는 그 회의에 도움을 줌으로 좋은 결과를 얻게 하고 싶었지만 그 회의의 목적을 모르고서는 어려운 일이었다. 사실상 내가 참석하고 발표하는 목적을 모른다면 그 발표는 아무런 주목도 받지 못하고 도움도 되지 못한다. 나는 단지 자리를 채우기 위해 회의에 참석했는가? 아니면 토의의 진전을 돕기 위해 참석했는가?

당신이 무슨 일을 하든지, 자기가 그 일에서 성취하고자 하는 것이 무엇인가를 알아 내는 데에 적극적이 되도록 노력하라.

프로그램

당신이 하고 있는 일이 세운 목표에 중요하게 기여하고 있는가? 그렇지 않다면 기여하도록 하기 위해 당신의 활동을 어떻게 바꾸어야 할까? 주변 사람들은 당신의 목표에 잘 협조해 주고 있는가? 그렇지 않다면 당신이 그렇게 되도록 도울 수 있는가?

당신이 하고 있는 일은 어떻게 진행되고 있는가? 당신이 목표 성취를 위해 하고 있는 일은 모두가 필요한 일들인가? 각각의 단계들을 살펴보고 당신에게 필요한지를 확인해 보라. 그렇게 해 보는 것이 도움이 안된다면 다른 방법으로 알아보자. 즉, 그 목표를 향해서 최대한의 거리에서 당신이 할 수 있는 한 가지 일은 무엇인가? 왜 그것부터 시작하지 않는가? 그런 다음에 그 목표에 조금 더 다가서는 데에 필요한 일들을 생각해 보라. 그 일들의 가지 수는 적으면 적을수록 좋다.

여러 가지 요소들의 형태나 위치를 바꿈으로써 하는 일에 시간이나 노력을 줄일 수는 없을까?

당신은 그 일을 이행함에 있어서 당신이 수월하게 할 수 있는 것, 또는 좋아하는 것들을 활용하고 있는가? 그렇지 않다면 활용 가능한 방법이 있는가를 생각해 보라.

당신은 그 일이 또는 비슷한 일이 행해 지는 것을 이전에 본 적이 있는가? 그렇다면 그때 그 일은 어떻게 진행되었는가? 그 일을 더욱 잘 할 수 있는 방법에 대해 당신이 본 경험으로부터 힌트를 얻어낼 수 있는가? 어쨋든 당신이 보는 모든 것을 자세히 관찰하고 호기심을 갖는 것은 매우 좋은 방법이다. 자주 이렇게 자문하라. '저것은 왜 저런 식으로 할까?' 누군가에게 묻기 전에 잠깐 스스로 생각해 보라. 그러나 묻고 싶을 때는 언제나 물어 볼 수 있다고 생각하라. 어른들이 불행한 것 중의 하나는 어린애와 같은 호기심과 의문점에 관한 질문 의욕을 잃어버렸다는 점이다.

당신은 혹시 당신의 일에 관해 당신보다 더 많이 알고 있는 사람을 아는가? 그렇다면 그에게 그것을 더욱 잘 할 수 있는 방법을 물어 보라. 물론 남에게 강요하고 떠맡기지 않도록 민감할 필요는 있지만 대부분의 사람들은 자신의 전문 지식 영역에 대해서는 말하기를 좋아한다.

당신은 하고 있는 일에 관련된 정보 매체나 관련 서적을 알고 있는가? 그렇다면 그것을 구할 수 있는가를 알아보고, 당신이 하는 일에 관한 영역을 잘 관찰하라. 상관도 없는 다른 영역에 너무 얽매이지 않도록 주의하라. 나에게 있어서는 책이나 잡지들을 천천히 읽거나 계속 책장을 넘기다보면 괜히 시간만 낭비하고 꾸물대기가 십상이다.

당신이 만일 어떤 것을 시도해 봄으로써 더 잘 배울 수 있다면 목적의 최종 결과에 지장 없이 그것을 어떤 식으로 실천해 볼 수 있는가?

당신이 행하는 방법을 더욱 계발시키고자 할 때 관습이나 어떠한 가설 등으로 인해 생기는 문제는 없는가? 그러한 관습이나 가설에 도전해 보는 것은 당신에게 좋은 방법을 깨닫게 해 준다. 예를 들면 몇 년 전 나는 사람들이 왜 책상에 앉아서 일을 하는가에 대해 의문을 가져 보았다. 나는 그 문제를 내 경우와 관련시켜서 다음과 같이 자문해 보았다. 나는 지금 무엇을 성취하고자 하는가? 책상에 앉아서 나는 주로 정신 노동을 하게 된다. 정신 노동에 있어서 가장 결정적인 요소는 무엇인가? 그것은 기민성이다. 그런데 나의 안락한 의자는 내게 어떠한 역할을 해 주는가? 그것은 나를 졸리게 한다. 그러므로 내게는 불편한 의자가 적당하거나 아니면 선 채로 일하는 것이 더 좋은 것이다.
　단지 관습에 관해 의문을 가져 보고 난 결과로 나는 그때부터 책상에서 선 채로 일을 하고 있다. 그것은 내게 기민성을 증대시켜 주었다.
　내가 도전해 본 또 하나의 가설은 우리가 서류를 검토할 때에 한 번에 한 장씩만 한다는 것이었다. 이 가설은 관련없는 다른 것에 신경을 쓰지 않고 혼동되지 않을 수 있다는 장점이 있다. 그렇지만 한 가지 주제에 관한 모든 서류들을 한꺼번에 펼쳐 놓고 보는 것이 개념화하기에 더욱 좋기 때문에 기획 작성 발표에 도움을 줄 수 있다. 그 이유는 동시에 여러 가지 사항들을 훑어볼 수 있고 그것을 머리 속에 담아 둠으로써 종합 정리를 해 놓을 수가 있기 때문이다.
　결론적으로 이 프로그램의 과정에서 해 보는 모든 질문들은 당신의 목표 달성을 위한 일들의 효율성을 높이고, 점검해 보기 위함이다.

계획표 작성

　당신이 계획하고 있는 각각의 일들이 언제 이루어져야 하는지 알고 있는가 ? 또 당신이 하는 매일의 계획에서 일이 마감되는 시간이 분명한가 ? 당신의 계획 이행에 관련된 사람들은 그들이 맡은 부분에 필요한 시간을 잘 알고 있는가 ? 그들이 제 시간에 잘 해나가고 있다는 것을 확신할 수 있는가 ?
　만일 당신이나 또는 그들이 제 시간에 일을 해내지 못하고 있거나, 그 시간 조절이 아슬아슬하다면, 그 경우에 대비한 방안을 가지고 있는가 ?
　당신의 목적을 향하여 계획해야 할 또 다른 일들로 보아 현재의 일차적인 계획에는 모순점이 없는가 ? 만일 한정된 시간 내에 일들이 과중하게 책정되어 있다면 그 중에서 비현실적인 일들의 시간 계획을 재조정할 수 있는가 ?

당신의 계획표는 당신의 하루 활동 주기를 통하여 볼 때 실현 가능한가? 또 당신의 목적을 향한 가장 창의적인 일을 기민성이 나타나는 최고점이 아닌 시간에 계획했다면 그 시간을 변경할 수 있는가?

당신이 계획했던 시간보다 더 많은 시간이 요구되는 일을 했던 경험이 있는가? 그런 점으로 비추어 보아, 더욱 효과적으로 하기 위해 이번에는 시간을 연장시켜서 계획하는 것이 어떻겠는가?

당신은 목적 완수를 향해 직면한 부분적인 임시 목표를 세워 가면서 진행해 나가는가? 그런 방법은 빠른 진전을 가져다 줄 것이다.

당신은 80 대 20의 법칙을 들어 본 일이 있는가? 80대 20의 법칙이란 어떤 목표를 두고 일정한 시간을 할당해 놓았을 때, 그 목표의 80%는 그 시간의 처음 20% 동안에 이루어지고, 나머지 목표 20%는 그 다음 80%의 시간에 걸쳐서 이루어지게 된다는 법칙이다. 이 법칙으로 미루어 볼 때 당신은 목표의 나머지 20%에 80%의 시간을 투자할 만한 가치가 과연 있는 것인지 자문해 보라. 만일 그렇다고 하면 더없이 훌륭한 계획표이다. 그러나 그렇지 않다면 낭비될뻔한 많은 시간을 아낄 수 있게 된다.

예산안 설정

당신은 목적 달성을 하는 데 필요하게 될 자원을 결정해 놓았는가? 완수해야 할 각각의 일들도 어떤 자원이 필요한지 신중히 생각해 보았는가? 도움이 필요한 부분은 없는가? 돈은 어느 정도나 필요한가?

그러한 자원들은 어디서 구할 것인가? 최저 가격으로 그것을 구할 수 있는 장소를 알고 있는가? 가격 조사를 위해 직접 다니며 조사하기보다는 전화를 사용하라.

당신은 필요한 것을 위해 주님께 기도했는가? 나는 어떤 것을 달라고 주님께 기도하면, 하루나 이틀 사이에 그것을 가진 사람이 사용할 사람을 찾으며 우리 집을 방문하게 되는 일을 여러 번 경험했다.

만일 당신이 필요 이상으로 자원을 가지고 있을 때는 주위 누군가가 그것을 필요로 하지 않는가에 민감하도록 하라. 주님께서는 빈번히 우리에게 여유분을 주셔서 남에게 베푸는 기쁨을 체험하게 해 주신다.

지금까지 설명한 여러가지 질문들은 시간을 가장 유용하게 사용하기 위한 일반적인 방법들이다. 당신도 무슨 일이든지 시작하게 될 때는 이 책의 바로 이 부분을 다시 읽어 보도록 하라. 그리고 당신이 책임 맡은 다음 모임의 계획을 세우기 전에 반드시 이 부분을 읽어 보라. 당신이 평소에 하던 방법이 그 일에 대한 최선의 방법이라고 쉽게 단정짓지 말라. 성공적인 일의 완수를 위하여 시간 낭비에서 벗어나 노력 분투하라.

도움이 되는 중요한 요령

다음은 여러 가지 상황하에서 시간을 효과적으로 사용하는 요령을 몇 가지 소개한 것이다.

1. 직무와 사역에 관하여

   a. 결정을 내리라. 빈 종이를 쳐다만 보고 있지 말라. 더 생각할 필요가 있으면, 그것에 적당한 제한 시간을 정해 놓고 생각하라.

   b. 다른 사람과 자신에게 "안돼"라는 대답을 하는 요령을 배우라. 할 시간이 없는 일에는 관여하지 말라.

   c. 위임할 수 있는 일은 모두 남에게 맡기라. 지원자가 있으면 그들에게 맡기라. 그리고 적합한 지시를 주어서 나중에 다시 하느라고 시간을 더 많이 소비하는 일이 없도록 하라.

   d. 시대에 뒤떨어진 과정, 또는 불필요한 절차가 포함되어 있는지 검토해 보라.

   e. 당신의 앞날을 위해 필요한 것들을 스스로 기억하고 기록하는 좋은 체계를 만들어라. 매일, 매달의 기록을 해둘 만한 공백이 있는 포켓용 달력, 또는 수첩을 사용하라. 미래의 계획을 세우기 전에 준

비해 두라. 그리하여 그 달력을 참조해 가면서 계획표를 작성하라.
  f. 계획 세우는 데 필요한 모든 내용들을 전체적으로 철을 해 두도록 하라. 이렇게 함으로 잘못된 항목을 찾아 내기 쉽게 한다. 철해 두는 체계의 가장 좋은 방법은 계획하는 일, 또는 업무의 종류에 맞추어서 하는 것이다.
  g. 시간 절약을 위해 당신과 비슷한 상황에 있는 사람 또는 당신과 비슷한 직업을 가진 사람들로부터 지혜를 모아 보라. 이것은 당신의 좋은 생활 습관이 될 것이다.
  h. 시간을 두 배로 이용하라. 기계적인 일을 할 때에는 녹음 테이프를 들으면서 하라. 또 모임 중에라도 여유 시간이 생기면 그때 할 수 있는 일이 있는가 생각해 보라.
2. 전형적인 시간 낭비의 항목들
  a. 잠을 오래 자는 것. 건강과 기민성을 위하여 필요한 만큼만 잠을 자라. 밤에는 잠을 좀 덜 자고, 그 대신 낮에 잠깐씩 낮잠을 자도록 해보라. 그러면 전체적인 잠의 양을 줄일 수 있고, 투자한 시간에 비해 낮에는 더욱 기민해 질 수 있다.
b. TV를 너무 많이 보는 것. "채널 23"이라는 글에 대해 들어 보았는가? 그 내용은 다음과 같다.

>TV는 나의 목자
>그가 나를 붙들어 매며
>하나님의 영광을 위하여는
>아무 것도 못하게 하네.
>나의 모든 여가 시간을
>송두리째 빼앗아 가네.
>
>그것은 세상의 것들에 대한
>나의 지식을 쌓아 주지만

하나님의 말씀 공부와는
멀어지게 하며
그 소리와 영상이
나를 평안케 하네.

비록 내가 100살까지 산다 해도
TV가 계속하는 한
나는 계속 시청할지니
진실로 내 인생에는
아무런 유익이 없으리로다.
　　　　　　작자 미상

 c. 저녁 시간 계획을 세우지 않는 것.
 d. 친구들과 너무 오래 이야기하는 것. 친구들과 이야기하는 것이 물론 나쁜 것은 아니다. 그러나 너무 많이 하다 보면 가치있는 다른 일은 그만큼 적게 하게 된다.
 e. 잡지를 뒤적이는 것.
 f. 장시간에 걸친 방문.
3. 출장, 또는 여행에 관하여
 a. 여행 시간을 이용하라. 녹음 테이프를 듣는다거나 편지 작성, 독서, 회의 준비를 하도록 이용하라.
 b. 잠간의 모임을 위해 비행기(또는 고속버스)편으로 타도시에 가야할 경우, 가능하면 항공역(또는 고속터미널 부근)에서 그 모임을 가지라.
 c. 차가 붐비는 시간에는 통행을 피하라.
 d. 당신의 차는 항상 기계 부품에 이상 없이 좋은 상태를 유지시킨다. 고장이 나면 비용 뿐 아니라 시간을 빼앗기게 되고 결과적으로 당신의 계획표를 망치게 된다.

e. 당신이 해야 할 용무를 구상하라. 거리를 오고가는 동안은 피하라. 다음날 하루, 또는 이틀 동안에 필요한 것들에 관해 생각해 보고, 가능하면 그 외출 시간 중에 구입하라. 당신의 집과 직장을 하루에 여러 번 왕복하는 일은 피하라. 머리를 쓰지 않으면, 그 대신 당신의 발을 이용해야만 한다는 것을 명심하라.

4. 집중 사고에 관하여

  a. 집중 사고를 위해 방해받지 않을 만한 시간 1시간 내지 3시간까지는 허용하라. (예 : 연설 준비)

  b. 방해할 사람이 없는 장소를 택하라.

  c. 집에서는 다른 사람들이 잠들었을 때에 일하라. (새벽, 또는 밤)

  d. 직장에 1시간 정도 일찍 출근하거나 1시간 정도 늦게 퇴근하라.

  e. 자유 시간이 생기기만을 기다리지 말고 계획을 세울 때에 집중 사고를 위한 항목을 특별히 포함시켜라.

  f. 당신이 신청서나 연설문을 작성하고 있을 경우에는 몇 가지 조사 연구의 일은 다른 사람에게 시킨다.

5. 일의 균형 및 진전

  a. 진전 속도를 정해 놓으라. 그리고 제한 시간을 정하라(모임, 기획, 우편물, 전화 등에 대해). (모든 일은 이용할 수 있는 시간만큼 무한정 확대된다는 파킨슨의 법칙을 아는가?) 제한 시간을 정해 놓음으로써 적당한 시간 내에 그 일을 완수하게 된다.

  b. 열심히 일하라. 그리고 필요하면 휴식 시간을 갖도록 한다.

  c. 힘든 일을 해내기 위해서는 어떤 식으로든 자신에게 그 보상을 하라.

  d. 정신적으로나 힘으로나 가장 건강하고 활력있는 시간에 힘든 일을 하라.

  e. 먹는 습관을 주의하라. 점심 식사를 과식하는 것은 당신의 기민성을 떨어지게 한다. 일은 당신의 위장이 아니라 머리가 하는 것이다.

6. 약속에 관하여
 a. 약속은 시작하는 시간뿐 아니라 마치는 시간도 계획해 두라. 한 가지 약속이 끝나는 시간에 연이어서 또 다른 약속을 세워두면, 더욱 확실해 지는 마감 시간 덕분에 훨씬 효과적으로 이행될 것이다.
 b. 약속과 약속 사이의 시간을 20분 내지 30분으로 책정하지 말라. 그 정도의 시간으로는 중요한 어떤 일을 시작하기가 어렵다.
 c. 항상 할 일을 준비해 가지고 있다가 만날 사람이 늦는다던가, 또는 다른 이유로 잠시라도 시간이 생길 때에 그 일을 하도록 하라. (예 : 엽서나 편지 쓰기)
 d. 약속 이행 중에는 만난 그 사람에게만 집중하라. 가능하면 전화도 걸지 말라. 당신을 만나기 위해 당신의 사무실에 오느라고 수고한 사람들은 다른 어떤 전화 이상의 우선 순위를 차지해야 한다. 그러한 방법으로 당신은 그와의 용무를 신속히 끝낼 수 있게 되고, 방문한 사람에게도 그의 시간을 최대 효과적으로 이용하도록 도와 주는 것이 된다.
 e. 당신의 비서에게 모임이 끝나기로 계획된 시간이 되면 신호벨을 울리거나 직접 들어와서 알려 달라고 하라. 그렇게 하면 당신은 계획대로 순조롭게 모임을 종료할 수 있게 될 것이다.

7. 모임 회의에 관하여
 a. 모임을 위해 5분간 준비한다면, 그 모임 중에서의 1시간을 절약할 수 있다.
 b. 모임의 목표를 정해 놓으라(의사 결정, 혹은 사내 추천, 계획 보고, 친선 도모).
 c. 상담을 위한 모임인 경우는 당신이 그에게 도움을 줄 수 있는지를 신속히 생각하라. 그리고 그와 대화하면서 하나님의 말씀을 그의 문제에 적용시킬 수 있다는 확신을 갖도록 하라. 그것만이 치료법이 될 수 있다.
 d. 회의 주제에 관해 충분히 토론할 시간을 갖되 지나치게 많은

시간은 필요 없다. 세계 제 2차 대전 동안 미국 산업에 주요 원동력을 주었던 챨스 E. 월슨은 5분 내지 10분만에 회의를 끝내는 것으로 유명하다.

　e. 제 시간에 정확히 시작하라.

　f. 목표를 바라보며 일하라.

　g. 회의를 더욱 효과적으로 하기 위해 전화로 하는 것이 좋은지, 아니면 일어선 채로 하는 것이 좋을지도 생각해 보라.

　h. 가능하면 약속과 약속 사이의 시간이나 식사 시간을 이용하면 좋다.

8. 통신 수단에 관하여

　a. 우편물을 일단 받으면 그에 대한 필요한 처리를 하도록 하든지, 아니면 철해서 보관해 두든지 불필요한 것이면 치워 버리도록 한다.

　b. 우편물의 분류, 답장 등 관리하는 일은 비서에게 맡기는 것이 좋다. 개인적 편지일지라도 비서에게 당신이 하는 말을 받아 적게 해도 되고, 아니면 몇 가지의 요점만 일러주고 쓰게 하거나 받아 쓰게 할 수도 있다.

　c. 긴 내용의 편지를 써야 한다면 대신에 그 내용을 담은 카세트 테이프를 보내는 방법도 있다. 한 시간 이상 써야 할 것을 5분 내지 10분이면 테이프에 담을 수 있을 것이다.

　d. 짧은 내용의 편지를 여러번 주고 받아야 할 때는 대신 전화를 사용하라. 그러면 돈과 노력도 아끼는 셈이 된다.

　e. 근무 중에 오는 전화로 인해 방해 받고 싶지 않을 때에는 다른 사람에게 대신 받아 놓도록 해 둔다(또는 자동 전화 답변기를 이용한다.). 최소한 하루에 2회 정도 시간을 책정하여 받아 두었던 전화 내용에 회답하도록 한다.

9. 독서에 관하여

　a. 책을 읽기 전에 일단 대충 훑어본다. 그래서 그 책으로부터 얻을 것이 있는가를 결정한다.

b. 그리고 나서 원하는 정보를 수집해 가며 가능한 한 신속히 읽어 나간다.
   c. 읽으면서, 계속 메모해 두고 마지막으로 한 번 더 검토해 본다.
   d. 다른 사람에게 읽게 하고 당신은 나중에 그와 함께 검토해 본다. 여러 사람들을 비슷한 취향대로 몇 그룹으로 분류해 놓고 각 그룹마다 공동으로 흥미있는 책을 읽고 보고서를 작성하게 하는 방법도 있다.

결 어

  결론적으로, 모든 일에 대해 항상 기도하고 심사 숙고하라는 것이다. 당신의 목표 달성에 기여할 수 있는 방법을 열심히 모색하라. 다른 사람들의 방법도 관찰하라. 그리고 보다 기능적이기 위하여 관습적인 것을 버리는 데는 주저하지 말라. 데살로니가전서 5장 21절을 보라. '… 범사에 헤아려 좋은 것을 취하고…'
  이상과 같이 행함으로써 당신은 시간을 최대 효과적으로 이용할 수 있다.
  이번 장을 마치기에 앞서, 당신이 배운 것을 다시 한번 생각해 보라. 부분적으로라도 당신에게 도움이 될 만한 개념을 하나 골라 보라. 그리고 그 개념을 이제부터의 생활에 적용시켜 보라.

제 7 장
종합 정리와 준행

　지금까지 당신은 많은 개념들을 알게 되었다. 그리고 하나님의 영광을 위하여 자아 관리를 함에 있어 도움이 될 만한 많은 생각들을 갖게 되기를 바란다. 제 1부를 결론하는 이번 장에서는 지금까지 광범위하게 소개되었던 개념들을 적용시킬 수 있게 하려고 한다. 그리고 나서 몇 가지 최종적인 생각들을 정리하여 당신이 실제로 준행하도록 돕고자 한다.

검　토

　첫째로 검토할 주제는 자기 관리에 필수적이라고 할 수 있는 영적인 면에 관한 것이다. 제 2장에서 당신이 그리스도인이라는 것을 아는 방법, 그리고 자신의 죄를 다스리는 방법, 주님과 동행하는 법 등에 대해 언급한 바 있다. 당신이 죄가 생각날 때마다 주님께 자백하고 그와 동행하고 있다고 느끼고 있는가? 또 당신의 행동과 생각 속에서 주님의 지혜와 능력을 감지하고 있는가? 만일 그렇지 않다면 어째서 당신의 일상 생활을 주관해 달라고 주님께 간구하지 않는가? 자기 관리를 하는데 가장 좋은 방법은 주님과 함께 동행하는 것이다.
　두번째는 장기간의 계획에 관한 것이다. 제 3장에서는 계획 수립에 관한 성경적 정의, 계획 수립 방법에 관해 제시하고 실제로 당신이 계획을 해 볼 기회를 가졌다. 당신의 인생 전체를 위한 목표들도 적어 보았고 그 중에서 우선 6개월에서 12개월 동안 이행할 목표를 결정했다. 게다가 그 목표를 성취하기 위한 최선의 방법을 결정할 기회도 가졌었고, 계획하는 바 중요 요소를 3×5 인치 카드에 적어서 자주 눈에 띌 만한 곳에 놓아 두도록 했다. 아직 계획 수립을 끝마치지 않았다면 우선 그것을 할 시간부터 마련하라.

세번째 주제는 당신의 계획표 작성에 관한 것이다. 제 4장에서 계획표 작성에 관한 성경적 기초, 시간 계획을 하는 방법에 대해 제시한 바 있고, 실제로 당신이 계획표를 세워 볼 기회도 가졌다. 그리고 계획표를 세우면서 높은 우선 순위의 항목들에 대해서는 제일 우선적으로 시간을 할당해야 하는 중요성도 배웠다. 만일 당신이 내일을 위한 계획표를 아직 세우지 않았다면, 오늘 잠들기 전에 그것을 실행할 시간을 정하라. 그리하면 더욱 생산적이고 만족스러운 내일을 보내게 될 것이다.

네번째 주제는 당신의 시간 계획에 관한 것으로써 제 5장에서 각 원칙들의 성경적 기초를 제시한 바 있다. 당신은 동기, 절제, 민감성, 평화에 대해서, 또 그것들을 주님께 믿음으로 요청하는 방법에 관해서 배웠다. 그리고 어떤 사람의 하루 생활을 통하여 그것이 적용된 예도 보았다.

다섯번째 주제는 시간의 효과적인 이용에 관한 것이었다. 제 6장에서 우리가 행하는 모든 일들을 가장 최선의 방법으로 하는 것의 성경적 중요성을 제시한 바 있다. 그리고 시간의 효율성을 증대시키는 일반적인 방안을 배웠다. 시간 절약과 일의 효과를 높이는 방법에 관한 몇 가지 중요한 개념들을 배웠다.

이러한 다섯 가지 주제들은 자기 자신을 관리하는 데에 기본이 되는 것들이다. 이 개념들을 당신의 생각에 수용한다면 당신은 훨씬 효율적인 사람이 될 것이다.

계획표의 계속적인 이행

　당신은 아마도 지금까지 알게 된 특정한 내용들을 통해 생활에 곧바로 적용할 의욕을 갖게 되었을 것이다. 대부분의 사람들은 시간이 흐름에 따라 새로운 개념을 받아들일 가능성이 점점 희박해 지는 것이 보통이다. "지금 곧 행하라."고 하는 격언은 바로 이러한 경우에 지혜를 가르치는 말이다.
　그러나 당신이 막상 시도해 보려고 첫발을 내딛었다 할지라도 그 새로운 개념을 습관화 하기 위해서는 여러 가지 어려움에 직면하게 될 것이다. 계획표를 작성해 놓고도 마음 속으로는 그에 따른 변화를 거부하려고 하게 될 때도 있다. 만일 그렇다면 당신이 추구하는 일의 유익들을 다시 기억해 두라. 당신은 왜 이 책을 읽으려고 선택했는가? 당신이 추구하는 발전을 수용할 필요가 없다면 이 책은 당신에게 아무런 상관도 없지 않은가? 그 유익한 점에 비추어 그 가치를 생각해 볼 때 그만한 대가는 지불해야 하지 않겠는가? 주님께 기도하며 계획표를 계속 이행하는 데에 필요한 동기 부여와 절제의 능력을 주시도록 간구하라. 한 인간의 발전이란 물론 쉬운 것은 아니다. 그러나 그것은 가치있는 일이고 하나님께서 우리에게 능력주시고자 원하시는 바로 그것이다. 빈약한 동기 부여 속에서도 계속 일을 추진해 나아갈 수 있는 방법을 배우는 것은 매우 가치있는 일이다.
　그 예로써 나는 주님을 증거할 때에 이제 그만두어 버릴까 하고 생각되는 순간이 여러 번 있었다. 그럴 때에 나는 왜 그 시간이 내게, 또는 다른 사람에게 불편함을 주는지 갖가지 이유를 생각해 본다. 다소 불편함이 있다고 해도 내가 주님을 증거함으로써 주님께서 기뻐하실 것을 알기 때문에, 이 증거하는 시간을 순종하는 태도로 시작하도록, 그리고 적당한 만큼의 절제의 능력을 주시도록 기도하는 것이 최선의 방법임을 알 수 있다.
　또 다른 예로, 내가 이 책을 만드는 동안에도 다음 구절을 옮겨 쓰는 것이나 또는 다음 장을 구상하는 일들이 자꾸만 하기 싫어지곤 했었다. 그때마다 나는 그 시간에 그 일을 하는 것을 주님께서 원하신다는 사실을 확실히 알면서 왜 자꾸만 그 일을 미루려고 하는가 하고 생각하며 그 이유를 생각해 보았다. 결국 다시 한번 강조하자면, 주님의 뜻에 합당한 일인데도 불구하고 싫증이 날 때에는 즉시 그 일을 다시 시작할 수 있도록 또 그에 합당한 절제의 능력을 주시도록 기도드리는 것이 최선의 해결 방법이라는 것이다. 일단 일을 시작하고 나면 계속해 나가기는 보다 쉬울 것이다.

먼 안목을 가지라.

때때로 우리는 처음에 지나치게 열성적으로 일을 시작하다가 중도에 그만두어 버리는 경우가 있다. 나는 요즘 신체 단련을 위해 달리기를 하고 있는데, 지속하여 장거리를 달릴 수 있는 최대 속도에는 한계가 있다는 것을 알게 되었다. 그 속도, 또는 그 이하의 속도를 유지하면 수마일을 달릴 수 있지만 그 속도를 훨씬 초과하면 1마일밖에는 달릴 수가 없다. 그러므로 장거리를 뛰고자 할 때는 속도를 조절해야만 하는 것이다.

인생은 단거리가 아니라 장거리 경주이다. 그러므로 오랜 시간을 지탱할 수 있도록 스스로 속도를 조절할 필요가 있다. 한꺼번에 너무 과한 의욕과 노력으로 새로운 일을 시작하다 보면 1마일도 채 못가서 쓰러질 수도 있고, 또는 중도에 포기하고 과거에 하던 낡은 방법으로 다시 돌아가게 될 수도 있다.

이런 경우를 막기 위해서, 내가 제안하고자 하는 것은 잠시 동안 단지 한 가지 중요한 변화에만 집중하는 것이다.

우선 한 영역을 선정하여 그것이 습관화 될 때까지 기도를 계속하면서 계획에 넣고 이행함으로 시작한다. 그리고 나서 또 다른 영역이 습관화 될 때까지 초점을 맞춘다. 그러다 보면 얼마 후에는 한번에 몇 영역의 변화를 습관화 할 수 있다. 당신이 자기 관리를 하는 과정에 점차로 익숙해 짐에 따라 그 노력의 결과로 쉽게 동기가 부여되고 또 그렇게 됨으로 인해 자기 관리도 더욱 잘 이루어진다. 만일 계획된 일이 너무 벅차기 때문에 계속적으로 지친다는 사실을 발견하게 되면, 당신에게 덜 중요한 것들을 덜어내어 당신의 진정한 우선 순위의 일을 더욱 강조하도록 하라.

또는 계획된 양의 일을 완수하지 못한다고 생각될 때는 당신에게 알맞은 시간의 조절을 할 필요가 있다. 지금까지는 TV 앞에서 낭비해 오던 저녁 시간이나 주말 시간을 더욱 생산적으로 사용해도 좋다. 어쨌든 당신의 시간을 조절함에 있어서 그것이 가속적이건 감속적이건간에 그 새로운 보조의 먼 안목을 가지고 당신의 장거리 목표에 부합하여 계속적인 이행이 가능하도록 해야 한다는 것을 명심하라.

당신은 취미나 재능, 그리고 당신만의 환경을 지닌 고유한 개인으로서 하나님께 지으심을 받았다. 그러므로 지금까지 배운 것을 토대로 개인적 강점은 증대시키고 취약점은 보완할 수 있도록 당신이 처한 상황에 적용하기를 강력히 부탁한다.

강점의 증대화

당신의 강점을 극대화 시키고자 할 때, 당신 스스로에게 자문해 볼 문제는, '내가 천성적으로 하기를 좋아하고 또 잘 하는 것은 무엇일까?' 하는 것이다. 왜냐하면 바로 그것이 당신의 강점이기 때문이다.

강점을 증대시키는 한 예를 들어 보겠다. 나는 내게 있어 가장 긴밀한 시간은 비록 잠간의 낮잠이라도 수면을 취하고 난 직후부터 몇 시간 동안이라는 것을 발견해 냈다. 이 책을 쓰면서 그러한 나의 특성을 알게 되었다. 아내와 함께 산 베르나르디노 근처의 산에서 1주일을 보낸 적이 있었다. 그 곳에서 작업을 하던 중, 내 활력에 기름이 부족함을 느낄 때마다 잠시 펜을 놓고 한 시간 동안 낮잠을 자곤 했다. 자고 나면 정신이 맑아져서 몇 시간 동안 효과적으로 일할 수가 있었다. 졸린 상태에서 일을 무리하게 계속 하는 것은 비생산적, 비창조적이기 때문에 나는 한 시간의 수면 이후 최고로 기민한 정신 상태일 때 작업을 하고 있다.

그와 비슷한 예로, 나는 소위 '새벽 인간'에 속하는데 그것은 하루 일과의 시작으로써 새벽에 경건의 시간을 보내는 습관이 몸에 익숙하게 되었기 때문이다. 어떤 사람은 밤늦게 더욱 공부의 효과가 크다고도 한다. 그러나 만일 내가 아침 공부를 못하게 되는 경우 그것을 밤늦게 보충한다는 것을 상상해 보면, 그것은 내게 있어서는 비현실적이다. 결론적으로 알아야 할 것은 당신이 천성적으로 가장 잘하는 것이 무엇인가를 알아 내고 그 강점들을 증대화하여 주님께서 진실로 당신의 생활에서 원하시는 것들을 완수하도록 하는 것이다.

취약점의 보완

당신이 강점을 이용하고 증대시킬 수 있듯이 당신의 약점을 보완하여 그 부분을 오히려 발전시킬 수도 있다.

이 책을 읽어 본 결과 당신은 스스로의 약점을 잘 알 수 있게 될 것이다. 자신의 약점을 깨닫는 것은, 설사 약점을 변화시키는 데에 얼마간의 시간이 걸릴지라도, 당신의 인생에 커다란 유익이 되는 것이다. 왜냐하면 일단 자신의 약점을 발견하고 나면 그 방면에 강점을 지닌 다른 사람에게서 도움을 받아 그 약점을 보완할 수도 있기 때문이다.

가장 확실한 도움을 줄 수 있는 사람은 당신의 배우자이다. 그는 당신의 약한 방면에 강점을 가지고 있을 수가 있다. 아마 당신이 잘하지 못하는 일을 당신의 배우자가 처리해 줌으로써 일을 무사히 마칠 수도 있다. 당신도 다른 면에서 배우자에게 도움을 줄 수 있다.

예를 들면, 내 아내인 쥬디와 나는 둘이 모두 일정이 꽉 차서 바쁜데다가 저녁 식사 때 손님을 맞게 될 때가 있다. 손님을 맞으려면 미리 준비가 필요함으로 우리는 그것을 준비하느라 분주해 지기 시작한다. 쥬디는 사실 요리를 하기 좋아하고 또 그것을 잘 한다. 반대로 나는 요리에는 흥미가 없고 잘 하지도 못한다. 쥬디는 집안을 치우고 청소하기를 싫어하지만 나는 좋아한다. 우리 집의 진공 청소기는 쥬디가 다루기에 몹시 무겁고 어렵다. 반면 나는 오히려 약간의 운동삼아 그것을 한다. 그러므로 쥬디는 요리를 하고, 나는 물건을 치우고 청소를 한다. 이런 식으로 우리 부부는 서로 어렵지 않게 즐거운 마음으로 일한다.

또 하나의 당신의 약점을 보완해야 할 부분은 당신의 직무에 관한 것이다. 예를 들면, 당신이 새로운 착상을 해 내는 데에 다소 약하다면, 그 방면에 강한 창의력을 지닌 사람을 그 일의 수행 요원에 포함시키는 것이 현명하다.

당신의 약점이 계속적으로 발견되면 그 방면에 능숙한 사람에게 기획 업무, 관리를 요청하기도 한다.

이와 같이 자신의 약점을 보강하는 반면 한편으로는 그 약점을 보완해 줄 수 있는 기회를 찾는 일에도 민감하도록 하라.

배운 내용을 전하라.

당신이 자기 관리에 대해 배운 것을 최대로 이용하기 위해서 그 배운 내용을 다른 사람에게도 전해 주기를 권한다. 왜냐하면 당신에게 가장 의미있다고 생각되는 내용을 다른 사람과 함께 나눈다면, 그 문제에 관한 지식을 굳건히 하는데 유용함을 경험하리라고 확신하기 때문이다. 물론 그 사람들에게 실행하도록 좋은 자극을 줄 수도 있을 것이다.

내가 경험한 바에 의하면, 남에게 가르쳐 주노라면 내 자신도 훨씬 그 내용을 잘 파악할 수 있게 된다. 예를 들면, 주일 학교 수업 시간에 어떤 성경 구절을 설명해 주려면 많은 학생들을 가르치는 데에 부족함이 없도록 미리 공부해 놓지 않으면 안된다. 그 결과 나 혼자만을 위해 공부할 때보다 훨씬 더 많은 것을 배울 수가 있다.

결 어

지금까지 당신이 읽은 제 1부의 내용은 자기 관리에 관한 기초 과정이었다. 이 내용들을 신실히 적용한다면 당신에게는 훨씬 효율적인 생활을 하게 되는 진보가 있을 것이다.

다음에 이어질 제 2부에서는 주님의 뜻하시는 바를 이해하고, 보다 긴 장기 계획을 작성하는데 관한 좀더 깊은 내용들을 제시하고자 한다. 또한 몇몇 개의 장들에서는 당신 생활의 각 영역, 즉 영적인 면, 정신적인 면, 육체적인 면, 사회적인 면, 직업적인 면, 재정적인 면, 가정 생활에 관한 면 등의 제반 영역에서 어떻게 진보해 나갈 수 있는지 방법을 소개함으로써 당신의 생각을 고무시켜 줄 것이다.

제 2 부

자기 관리를 위한 보다 효율적인 방법들

이제부터는 자기 관리에 대한 좀더 깊은 개념을 소개하겠다. 그것은 또 제 1부에서 배운 대부분의 사람들에게 적합한 관리 체계의 내용을 보충하는 한편 개인적 관리의 효율성을 더욱 높이도록 도와 줄 것이다.

우선 제 2부의 내용을 대충 훑어보기를 권한다. 그렇게 함으로써 각 장에서 무엇을 얻을 수 있는가를 알아두고, 나중에라도 그 중 어떤 내용에 관하여 더욱 필요를 느끼게 될 때는 쉽게 그 장을 참고해 볼 수 있다. 일단 훑어보고 난 후에 큰 도움을 얻을 수 있다고 생각되는 부분은 다시 철저히 면밀히 공부하도록 하라.

제 8 장
장기 계획

　이번 장의 목적은 당신에게 장기간 계획을 수립하는데 보다 깊이를 더해 주는데 있다. 제 1부의 3장에서 우리는 계획 수립의 시작에 관해 충분히 살펴보았다. 또 당신은 준비된 생각으로 인생 목표를 향해 추진해 볼 의욕을 갖게 되었다. 이번 장에서는 첨가했던 몇 가지 내용들을 조명함으로 당신의 생각들을 재정리해 볼 기회를 갖고자 한다.
　제 3장에서 당신은 오는 6개월에서 12개월까지 실행할 최우선 순위의 목표를 정해 놓고, 또 그 목표 달성을 위한 최우선의 항목들을 결정한 바 있다. 이번 장에서는 우선 순위의 일들을 포함해서 더 많은 일들을 계획할 기회를 갖게 될 것이고 그에 관한 생각도 더욱 포괄적으로 해 볼 수 있게 될 것이다.

계획 수립이 주는 유익

　계획을 세워 일하는 것은 당신에게 매우 실질적인 유익을 가져다 준다. 첫째로, 계획을 잘 세워 놓음으로써 목표를 달성하는데 걸리는 시간이 단축된다. 계획 없이 무작정 일을 시작해 나가다 보면 중도에 가서 다시 시작해야 할 경우도 있고, 더 나은 방법을 알아냈을 때는 이미 너무 많이 진행된 후이기에 되돌이킬 수 없는 경우도 있다. 그 결과로 한 가지 일을 끝내는 데에 터무니없이 많은 시간이 걸리게 된다. 그러나 반대로 계획된 대로 일을 처리한다면 당신은 그 일을 신속하게 할 수 있으며 그만큼 시간도 절약하게 된다.

둘째로, 계획적인 생활은 무모한 싸움을 줄여 준다. 대부분의 사람들의 하루 일과는 많은 부분이 연달아 생기는 "위기"를 해결하는데 소비되기 마련이다. 여러 구석구석에서 문제거리가 발생하기에 우리는 앞뒤로 튕겨지는 탁구공처럼 느껴지곤 한다. 그런 날에는 혼히 말하기를 "오늘은 아무 것도 못했어."라고 한다.

계획을 세우는 것은 두 가지 측면에서 그러한 상황을 치료해 주도록 돕는다. 어떤 특정한 문제들은 미리 예상할 수 있고, 또한 그것을 막거나 즉시 그것에 대비함으로써 무력한 '위기적' 심리 상태를 감소시킬 수 있게 된다. 또한 우리가 가치있는 목표를 달성하기 위해 노력하면, 그 이전에는 '위기'로만 보이던 것들이 그다지 중대한 우선순위의 일로 보이지 않게 되고 공연한 걱정을 하지 않게 된다.

계획을 세우는 방법

제 3장에서 당신은 계획을 수립하는 방법에 대해 간단히 5단계의 방향 제시를 받은 바 있다. 즉, 기도, 목표 설정, 프로그램, 계획표 작성, 예산 설정의 다섯 가지이다. 다음에는 이들 각 단계에 대한 좀더 구체적인 설명을 하고자 한다.

1단계 : 기도

이 단계에서는 당신의 계획을 위하여 주님의 지혜를 제공받을 수 있는가를 확인하는 단계이다. 그 계획이 주님께서 원하시는 바가 아니라면 당신은 그 계획 완수를 위해 자신과 주위 사람들의 소중한 시간을 낭비해서는 안된다.

다음과 같은 방법은 주님의 지혜를 사용하는 데에 도움을 줄 것이다.

우선 첫째로, 당신이 그리스도의 마음과 지혜를 소유하게 됨을 주님께 감사드리라. '누가 주의 마음을 알아서 주를 가르치겠느냐 그러나 우리가 그리스도의 마음을 가졌느니라(고린도전서 2:16)'

다음에는 당신에게 필요한 지혜를 주님께 구하라. '너희 중에 누구든지 지혜가 부족하거든 모든 사람에게 후히 주시고 꾸짖지 아니하시는 하나님께 구하라 그리하면 주시리라(야고보서 1:5)'

그리고 나서 당신이 계획하고자 하는 것을 주님께 맡기라. '너의 행사를 여호와께 맡기라 그리하면 너의 경영하는 것이 이루리라(잠언 16:3)'

마지막으로 주님께서 당신의 계획에 관하여 영감을 주시는 성경 구절이나 생각들을 기록해 두라. 때때로 주님께서는 극히 예기치 않은 방법으로 우리를 인도하신다. 주님께서 여리고에 대한 계획을 알리실 때에 여호수아는 그것에 대해 어떻게 생각했는지 상상해 보라(여호수아 6:2~5).

2단계 : 목표 설정

이 단계에서 당신은 무엇을 완수해야 할지를 결정내렸을 것이다. 많은 사람들은 계획 수립을 단지 예산 설정이나 연간 달력의 빈 칸을 메꾸어 적어 넣는 일로만 생각한다. 반드시 해야 할 일이 무엇인지를 결정해 놓기 전에는 얼마 만큼의 비용이 들지 예측할 수도 없으며, 각기 다양한 일들을 언제 해야 할지를 어떻게 알 수 있겠는가?

당신이 설정한 목표들은 바로 당신의 현재 생활이 얼마나 적합한지를 평가하는 판단 기준이 될 수 있다.

하나님께서 당신에게 원하시는 목표를 당신 자신이 아닌 하나님께서 주관해 주시도록 기도로 요청하는 것은 주님에 대한 당신의 믿음을 실증하는 일이 된다.

3단계 : 프로그램

목표를 설정한 후에는 그 목표를 수행할 방안에 대해서도 결정하는 것이 당연한 논리이다. 당신의 현재 상태로부터 목표를 향하여 도움을 줄 단계들이나 항목들을 결정하는 것이다. 이러한 단계들은 대개 영속적이다. 말하자면 목적이 달성될 때까지 한 단계가 지나면 또 다른 단계가 진행되게 된다. 그러나 혹은 한꺼번에 발생하여 일시에 해야 하는 일일 수도 있다.

4단계 : 계획표 작성

이 단계는 당신이 계획한 일을 하루하루 실천 가능하게 해 줄 것이다. 여기서 당신은 목표에 따른 프로그램을 실천하기에 알맞도록 정하는 것이다. 각 단계들과 항목들을 언제 시작하고 끝나는지를 정확히 알 수 있도록 달력이나 계획표에 실제의 시간 단위로 할당시켜 놓는다. 당신의 계획표에 순위대로 번호를 붙여 놓고 이정표를 정해 놓는 것은 목표를 향해 전진해 나가는 데에 도움을 줄 것이다.

5단계 : 예산 작성

이 단계에서 많은 실천적인 문제에 직면하게 된다. 당신은 당신의 계획을 이행하기 위해서 얼마 만큼의 돈, 물질 등이 필요하게 될지를 결정해야 한다. 그리고 나서 이 필요한 것들을 어떻게 조달해야 할지도 결정해야 한다. 당신이 이에 관해 잊지 말아야 할 것은 계획을 수립할 때에 주님께서 당신에게 그 목표를 요구하셨다면 그것을 실행해 나가는 데에 필요한 자원도 주신다는 것이다. '나의 하나님이 그리스도 예수 안에서 영광 가운데 그 풍성한 대로 너희 모든 쓸 것을 채우시리라 (빌립보서 4 : 19)'

당신의 삶에의 적용

이제 나는 당신에게 당신의 생애를 위한 계획을 세울 기회를 주고자 한다. 제 3장을 통해 이미 계획을 세우는 방법에 대해 배운 바가 있다. 이번에는 그 방법 외에 부가적으로 도움을 주는 내용을 소개하고자 한다.

우선 기도할 시간을 가지라. 효과적인 계획 수립의 첫 순서는 우리 생활에 필요한 주님의 지혜를 구하는 것이다. 이는, 하나님만이 이루어 질 일들을 아시며 또 그 분만이 우리의 여러 능력들을 참으로 이해 하시기 때문이다. 하나님께서는 우리가 심한 스트레스에 시달릴 때, 또 미래에 일어 날 갖가지 일에 직면하게 될 때, 우리가 어떻게 반응하여야 할지를 알고 계신다.

그러므로 계획을 세우려는 이 시점에서 나는 당신이 지금 잠시 시간을 내어 주님께 그가 당신의 생애에서 원하시는 것이 무엇인지를 구체적으로 하도록 권하고 싶다. 당신은 당신의 전 생애를 위한 목표에 관하여 인도하여 주시길 구할 것이다. 당신이 80회 생일을 맞아 생일 케익의 촛불을 끌 때 지나간 80년 동안 무엇을 이루어 냈다고 회고하길 원하는가?

이미 언급한 대로 꾸짖지 않으시고 지혜를 주시겠다고 하신 주님의 약속을 믿어야 한다(야고보서 1:5). 또한 당신의 미래를 주님께 맡길 때 당신의 생각 속에 계획을 세워 주시겠다는 그의 약속을 믿어야 한다 (잠언 16:3). 그리고 당신은 그리스도의 마음을 가졌다는 것도 알 수 있다(고린도전서 2:16). 여기서 잠깐 쉬고 기도하는 시간을 갖기 바란다.

기본적인 생각들을 기록하라.

당신의 생애 목표에 관해 주님께 지혜를 구하는 시간을 가졌으면 이제는 종이 한 장을 꺼내어 기도하면서 떠올랐던 생각들을 적어 보라. 잠시 몇 분간 기본적인 생각들을 기억해 보라. 그 생각들의 정리에 관해서는 이 장을 통해 알게 될 것이고, 현재 가장 중요한 것은 주님께서 당신에게 지금 나타내신 것, 아니 어쩌면 어느 정도는 당신에게 나타내 오셨던 것들의 기본을 알아내는 일이다. 그리하여 제 3장에서 적어 본 생애의 목표들이 그러한 기본에 부합된다면 계속해서 다음 단락을 써 나가라. 또는 부합되지 않는 경우에는 잠시 멈추었다가 떠오르는 생각을 적으라.

성경은 무엇을 말해 주는가?

이제 잠시 적고 있던 종이를 옆으로 밀어 놓고, 과연 그리스도인인 우리 모두에게 성경이 공통적으로 부여하는 목표가 무엇인지 살펴보도록 한다. 나는 특히 다음의 세 가지의 성경 말씀을 강조하고 싶다.

'새 노래로 여호와께 노래하라 온 땅이여 여호와께 노래할 지어다 여호와께 노래하여 그 이름을 송축하며 그 구원을 날마다 선포할지어다 그 영광을 열방 중에 그 기이한 행적을 만민 중에 선포할지어다 여호와는 광대하시니 극진히 찬양할 것이요 모든 신보다 경외할 것임이여 만방의 모든 신은 헛 것이요 여호와께서는 하늘을 지으셨음이로다 존귀와 위엄이 그 앞에 있으며 능력과 아름다움이 그 성소에 있도다(시편 96 : 1~6)'

'아버지께서 내게 하라고 주신 일을 내가 이루어 아버지를 이 세상에서 영화롭게 하였사오니(요한복음 17 : 4)'

'네 생물이 각각 여섯 날개가 있고 그 안과 주위에 눈이

가득하더라 그들이 밤낮 쉬지 않고 이르기를 거룩하다 거
룩하다 거룩하다 주 하나님 곧 전능하신 이여 전에도 계셨고
이제도 계시고 장차 오실 자라 하고 그 생물들이 영광과
존귀와 감사를 보좌에 앉으사 세세토록 사시는 이에게 돌릴
때에 이십 사 장로들이 보좌에 앉으신 이 앞에 엎드려 세
세토록 사시는 이에게 경배하고 자기의 면류관을 보좌 앞에
던지며 가로되 우리 주 하나님이여 영광과 존귀와 능력을
받으시는 것이 합당하오니 주께서 만물을 지으신지라 만물이
주의 뜻대로 있었고 또 지으심을 받았나이다 하더라(요한계
시록 4 : 8~11)'

위의 세 가지 성경 말씀에서 어떠한 주제를 알아냈는가? 첫번째
말씀에서는, 시편의 작가인 다윗이 우리에게 주님을 찬양하고 영화
롭게 하라고 가르치며, 또 다른 사람들에게도 주님의 영화로움을 매일
전하도록 강력하게 당부하고 있다. 두번째 말씀에서는 예수 그리스
도께서 아버지와의 대화 중에서 세상에서의 그의 생애를 통해 아버지를
영화롭게 했다는 것을 말씀하신다. 세번째 말씀에서는 우리에게 하
늘이 어떻게 보일 것인가에 대한 계시를 주고 있으며, 또한 그때 하
늘에서의 주된 활동은 주님을 영화롭게 하는 것임을 나타내고 있
다.

하나님께 영광을 돌려라.

우리 그리스도인에게 공통된 삶 전체의 목표는 내가 판단하건대,
주님을 영화롭게 하는 것이다.
우리 인생의 기본적 목표가 주님을 영화롭게 하는 것이라면 우리가
행하는 활동도 주님을 영화롭게 하는 방법으로 해야 할 것이다. 그
러므로 우리의 다양한 활동들이 기본적으로 합당한지 아닌지를 결정

하는 좋은 방법은 지극히 단순한 질문을 해 보는 것이다. 즉, "이것은 주님을 영화롭게 하는 일인가?" 하는 질문을 해 보면 그에 대한 대답이 분명하게 나오게 될 것이다.

그렇지만 좀더 특별한 목적을 위해서 주님을 영화롭게 하는 일에 대해 상세한 설명을 담는 성경 말씀을 다시 알아보도록 하자.

제자가 되라.

'하나님이 미리 아신 자들로 또한 그 아들의 형상을 본받게 하기 위하여 미리 정하셨으니 이는 그로 많은 형제 중에서 맏아들이 되게 하려 하심이니라(로마서 8 : 29)'

여기서 우리는 우리에게 예수 그리스도의 형상을 본받게 하려는 하나님의 의도를 알 수 있다. 하나님께서는 우리가 그리스도인으로서 자라고 성숙하여짐에 따라 그를 점점 닮아 가기를 원하신다. 우리는 이 말씀을 확실히 깨닫고 제자로서 또한 우리의 생활에서 실천해야 한다. 이것이 우리 삶의 전체적인 목표, 즉 하나님을 영화롭게 하는 것에 기여하기 위한 모든 개인적 목표들 중에서 가장 중요한 목표이다.

다른 그리스도인들의 제자화

'그러므로 너희는 가서 모든 족속으로 제자를 삼아 아버지와 아들과 성령의 이름으로 세례를 주고 내가 너희에게 분부한 모든 것을 가르쳐 지키게 하라 볼지어다 내가 세상 끝 날까지 너희와 항상 함께 있으리라 하시니라(마태복음 28 : 19,20)'

여기서 우리는 다른 그리스도인들을 돌아보며 믿음 가운데 세우고 제자화시키라는 주님의 의도를 알 수 있다. 이것은 주님을 영화롭게 하는 우리의 삶의 전체적 목표에 크게 기여하는 또 하나의 목표이다.

불신자에게 전도하라.

'오직 성령이 너희에게 임하시면 너희가 권능을 받고 예루살렘과 온 유대와 사마리아와 땅 끝까지 이르러 내 증인이 되리라 하시니라(사도행전 1 : 8)'

여기서 우리는 복음을 들어 보지 못한 모든 사람들에게 복음을 전하라는 주님의 의도를 알 수 있다. 이것은 또한 우리 삶의 전체적인 목표에 크게 기여할 수 있는 세번째의 목표이다.

요한복음 15장 8절에 보면, 주님을 영화롭게 하는 방법에 대해 다음과 같이 말씀하고 있다. '너희가 과실을 많이 맺으면 내 아버지께서 영광을 받으실 것이요 너희가 내 제자가 되리라'

제자가 되는 것, 다른 그리스도인을 제자화시키는 것, 또 불신자들에게 복음을 전하는 것은 그리스도인들의 삶의 목표라는 것을 성경 말씀을 통해 발견할 수 있다. 다음은 당신에게 좀더 도움이 될 만한 성경 구절을 몇 가지 소개하고자 한다. 누가복음 19 : 10 ; 마태복음 9 : 35~38 ; 갈라디아서 5 : 22,23 ; 베드로후서 3 : 9~15 ; 디모데후서 2 : 2. 이러한 목표들을 향한 활동들은 그리스도인들에게 있어서는 높은 우선 순위의 일이 되어야 할 것이다.

이 세 가지의 특별한 목표를 깊이 생각하게 됨에 따라 당신의 생활에 관련된 일들의 중요성과 혼동되어 어렵게 느껴질지도 모른다. 이것들은 인생 전체를 통하여 추구해야 할 목표들이며 우리 중 누구도 이러한 성경 말씀으로부터 부과된 그 모든 것을 결코 완전히는 성취할 수 없다는 것을 인정하라. 중요한 것은 주님이 우리에게 예비해 두신 보조에 맞추어 그것들을 향하여 전진해 나가는 것이다.

이러한 점에서 볼 때, 나는 당신에게 다시 종이를 꺼내 놓고 몇 분간 주님을 영화롭게 하기 위해 제자가 되는 것, 그리고 다른 그리스도인들의 제자화, 불신자들에게 전도하는 것, 이 세 가지의 목표에 비추어 당신의 마음 속에 떠오르는 생각들을 첨가하여 적거나, 정리하길 권하고 싶다. 여기서 잠깐 멈추고 당신의 생각을 적어 보라.

개별적인 목표

우리가 그리스도인으로서 추구해야 할 목표들 외에, 주님께서 각각 개별적으로 주시는 개인적 목표가 있다. 하나님의 나라에는 똑같이 복사된 사본이란 없다. 즉 우리는 각기 고유한 재능, 흥미, 능력을 가지고 있으며 주님께서는 또한 각 개개인의 삶에 특정한 계획을 갖고 계신다.

시편 139편 16절에서는 우리가 태어나기도 전에 하나님께서 이미 우리의 운명을 정해 놓으셨다고 말한다. 또 베드로전서 4장 10절에서, 우리는 주님으로부터 그의 목적에 따라 쓰임받도록 특정한 은사를 받았다고 나타내고 있다. 그리고 에베소서 4장 16절에서는 주님의 몸 (믿는 자 모두의 총칭)이 자라도록 하고 합당한 기능을 가질 수 있도록 하기 위하여 각 지체된 사람들은 맡은 바 각 부분의 역할을 해 내야 함을 말하고 있다.

나는 테니스로 인해 팔꿈치에 병이 나게 되었는데, 내가 서어브를 하면서 약간의 특수 회전을 넣으려 할 때마다 팔꿈치에 통증이 오기 때문에 몸을 뒤로 빼면서 할 수밖에 없다. 이와 흡사하게 만일 내가 주님의 몸 가운데 팔꿈치라고 가정하면, 그리고 내가 테니스로 인해 팔꿈치에 병을 가짐으로 그 기능을 잘 발휘할 수 없다면, 나는 내 주위의 그리스도인들까지도 제 역할을 완전하게 해 낼 수 없게 만드는 원인이 될 것이다.

자신의 역할을 하지 않는 그리스도의 몸의 지체들이 많다면 제 역할을 충실히 행하려는 나머지 지체들은 세상에서 그들의 목표를 완수하고자 할 때 마치 프랑캔슈타인 괴물처럼 비틀거리게 될 것이다. 그러므로 우리들 각자가 주님께서 우리에게 뜻하시는 목표를 개별적으로 나타내실 것임을 인지하는 것은 그만큼 중요하다.

당신의 삶에 대한 하나님의 뜻

여기에서 나는 당신에게 종이를 다시 꺼내어 지금까지 새롭게 인식한 생각들로 조명해 보아 당신의 목표들을 더욱 정리할 것을 당부한다. 만일 당신의 생애에 대한 주님의 특별한 계획에 관해 매우 확실한 생각을 당신이 이미 가졌다면 그것도 적어 놓도록 하라.

또 아직 주님께서 특별히 당신에게 원하시는 바를 확실히 모른다면, 제 9장의 삶을 위한 하나님의 뜻을 아는 방법을 읽도록 하라. 그 내용은 당신 개인을 향한 주님의 계획을 더 명확히 이해할 수 있도록 도와 줄 것이다. 그것을 아는 것은 매우 중요하다. 왜냐하면, 당신이 무엇을 완수해야 할지도 모르면서 활동 목록들의 우선 순위를 정하기는 어려운 일이기 때문이다.

가끔, 주님께서는 우리에게 그의 계획을 한번에 조금씩만을 나타내 주시기도 한다. 주님께서 나타내시고자 하는 것이 무엇이든지 우리에게 매달, 시간을 사용하는 방법을 깨우쳐 주는 데는 충분할 것이다. 지금 필요하다면 제 9장을 읽도록 하라. 그리고 여기서 잠간 멈추고 당신의 인생 목표들을 잘 다듬을 수 있도록 기도하라.

단기간의 목표

이제는 전반적인 생애의 목표는 접어 두기로 하고, 다음 6개월 내지 12개월간에 걸쳐서 해야 할 특정한 목표들에 대해 생각해 보자. 단기간 목표의 유익한 점은 지금 당장 시작할 수 있다는 것이다. 당신의 전 생애에 관해 프로그램, 계획표 작성, 예산안 설정의 방법으로 계획을 세우는 것처럼 세부적인 계획도 또한 정성들여 세워야 할 일이다. 그러므로 이제는 다음 6개월에서 12개월 동안 수행할 일에 초점을 맞추도록 하자.

새 종이 한 장을 꺼내어 생애의 목표 가운데 다음 6개월에서 12개월 동안 실행해야 할 특정한 목표들을 적어 보라. 그것들은 완전히 달성되는 것일 수도 있고, 개인 성경 공부와 같이 전 생애에 걸쳐서 추구하는 바, 어떤 계발이나 발전을 위한 것일 수도 있다. 잠간 1~2분의 시간을 갖고 가장 확실히 떠오르는 생각들을 알아내자. 여기서 잠시 멈추고 당신에게 가장 중요하다고 생각되는 일들을 적어 보라. 제 3장에서 결정했던 제 1순위의 목표로 목록의 맨 윗자리에 써 넣는다.

생애의 궁극적 목적에 부합하는가?

그것을 적을 때에 당신의 생애 목적에 영향을 받았는가? 그렇지 않다면 그것들을 다시 읽고, 다음 6개월에서 12개월 동안 생애의 목적에 부합하는 일 중에 할 수 있는 일이 있는가를 보라.

당신은 지금 어느 시점에 있는가?

다음으로 내가 당신에게 생각하게 하고 싶은 것은 당신이 현재 생애의 어느 시점에 속해 있는가 하는 것이다. 사회적 경력에 관해서는 대부분의 사람들은 다음과 같은 유형 중 하나에 속할 것이다.
1. 성장 과정에 있으며 내적으로는 교육과 훈련을 받고 있는 시기.
2. 직업을 갖기 시작하고 그 일로부터, 또 인생의 다른 요소들로부터 내적인 경험을 하는 시기.
3. 직업과 다른 추구하는 일에 있어서 가장 생산적인 시기.
4. 가장 풍부한 경각을 지니고 생각은 깊어지나 활동 에너지는 줄어드는 시기. 그리고 건강은 예전보다 약해 지고 일의 능률은 다소 떨어지는 시기.

결혼과 가정에 관해서는 다음이 그 전형적인 유형이다.
1. 미혼

2. 기혼이나 무자녀 상태
3. 취학 전 자녀를 둔 기혼
4. 출가 전 자녀를 둔 기혼
5. 출가한 자녀를 둔 기혼

　물론 당신의 시기는 자녀의 수나 나이 그리고 경력상의 진급에 따른 위와 같은 두 종류의 시기가 함께 혼합된 상태일 것이다. 그 중 어느 것에서 당신의 현재 위치를 발견하던간에, 그 시기마다 관련지어 생각해야 하는 특정한 목표들이 있을 것이다.

　예를 들면, 취학 전 자녀를 둔 부모에게 있어서의 목표는 가장 발달하는 시기에 있는 그들을 교육하는 일일 것이다. 자녀가 학교에 가게 될 때까지는 그와 하나님과의 관계에 있어서, 그가 원하고 이해할 수 있는 한도까지 발전시켜야만 한다. 왜냐하면 취학 후부터는 주님과의 관계에 부수적 영향을 주는 여러 가지 일들에 직면하게 되는 일이 점점 더 늘어나기 때문이다.

　갓 결혼하여 아직 자녀를 갖지 않은 시기의 사람들의 예를 들어 보자. 그들이 해야 할 분명한 결정은 자녀를 둘 것인가, 또는 자녀를 언제 둘 것인가 하는 문제이다. 그리고 일단 가족이 이루어지게 되면, 자연적으로 고려해야 할 많은 일들이 생기게 된다.

　또 하나의 예는, 고등학교나 대학을 졸업한 젊은이들이 어느 직업을 가질 것인가에 대한 결정이다. 인생의 주요 부분을 위해 확고한 신념을 가지고 직업을 시작했을 수도 있고, 아직 찾지 못한 상태일 수도 있다. 그러나 직업을 찾아 일을 시작하기 전에 먼저 고려해야 할 점은, 지금 하고자 하는 일이 장기적인 안목에서 볼 때 당신의 목표를 위하여 경험을 쌓기에 적합한가 하는 것이다.

　마지막으로 퇴직이 가까운 사람들은 하나님께서 인생의 이 시기를 위해 자신에게 두신 목표의 종류를 생각해 보는 것도 좋을 것이다. 나는 우리 인생의 마지막 부분을 단지 골프를 한다거나 차를 마시면서 소비하는 것은 중대한 실수라는 것을 개인적으로 느껴 왔다. 퇴직 후의 시기는, 시간도 많이 생기고 비용도 제공할 능력이 있으며 경험 또한 절정에 이른 시기이기 때문에 다른 사람들을 돌아 볼 수 있는 매우 훌륭한 기회를 제공하는 시기인 것이다.

인생의 여러 가지 영역

마지막으로 당신의 깊은 사고를 돕도록 단기간 목표를 필요로 하는 인생의 7가지 영역에 대해 말하고자 한다. 즉 영적, 정신적, 육체적, 사회적, 직업적, 재정적, 그리고 가정적인 영역이다.

이 7가지 영역에서 당신이 특별히 발전되기를 원하는 영역이 있는가? 가령, 영적인 영역에서 볼 때 당신의 기도 생활은 어떠한가? 특정한 삶의 특성, 즉 사랑, 거룩함 등에 관해 주님으로부터 영감을 받았는가? 육체적인 영역에서 본다면 당신은 적당한 체중을 가졌는가? 당신은 적당한 양의 음식을 섭취하는가?

이에 관해서는 제 11장부터 17장까지에서 깊이 다루기로 하고, 지금 언급하는 목적은 당신의 생각이 미치도록 돕고자 함이다.

이제 나는 마음 속으로 작정하여 둔 당신의 단기 목표의 목록으로 되돌아가서 지금까지 떠오른 새로운 생각들을 첨가시켜 두라고 제안하는 바이다. 새로운 생각들을 압박감이 들 정도로 너무 많이 넣지는 말도록 한다. 단지 특별한 도움을 줄 것만 넣으라. 여기서 잠시 멈추고 종이에 직접 적어 넣어라.

목표의 우선 순위 결정

이제부터 당신이 해야 할 것은 단기 목표의 목록에서 우선 순위를 결정하고 또 그 중 어느 것을 6~12개월 동안 이행할 것인가를 정하는 것이다. 만약 단 한 가지밖에 할 수가 없다면 당신은 어느 것을 선택하겠는가? 그것이 당신의 제 1순위가 될 것이다. 그 항목의 왼편에

'①'이라고 적도록 한다. 이렇게 결정한 항목의 내용이 제 3장을 읽으면서 결정했던 '①'번 항목과 일치할 수도 있고 아닐 수도 있다.
 이제 다 했으면, '②'번 순위의 목표를 선정하라. 당신의 제 1번 목표를 제외시키고 나면 나머지 항목들 중에서 어느 것이 가장 중요하다고 생각되는가? 그것에 '②'라고 적으라. 다음에는 같은 방법으로 3번째 순위를 정하라. 여기서 잠시 멈추고 당신의 우선 순위 항목들을 결정하라.
 6개월에서 12개월 동안 당신은 아마도 당신의 목록에 더할 것이 생기거나, 순위를 다시 결정해야 할지도 모른다. 이런 점에서 볼 때, 나는 그런 경우를 예상해서 1순위의 목표를 계획해 놓을 것을 권하는 바이다. 이를 돕기 위하여 이 장의 마지막 페이지에 하나의 계획을 소개하기로 하겠다.
 그것을 보면 알 수 있겠지만 그 계획을 세운 사람은 우리가 배운 방법대로 했다. 당신도 한번 해 보기를 권한다. 우선 다음 6개월에서 12개월 동안의 제 1우선 순위부터 새로운 목표들을 맨 위에다 적도록 하라. 잠시 멈추고 실시하라.
 목표 설정에 관한 설명을 마치기 전에 한 가지 알려 둘 것은 각 항목을 이행함으로써 얻어지는 유익을 함께 적어 두면 도움이 된다는 것이다. 어떠한 목표가 여러번 최고 순위가 되는 이유는 그것이 언젠가 하려고 계속 연기되어 왔기 때문이다. 그런 문제가 없도록 하기 위해서는 그 항목을 왜 정했는지 그에 따른 유익점이 무엇인지를 기록하여 두는 것이 좋은 방법이다. 여기서 잠간 멈추고, 그 계획안에 당신의 제 1목표 수행의 이유를 적어 넣으라.

프로그램

 이제 프로그램할 준비는 완료되었다. 프로그램이라 함은 당신의 목표를 어떻게 세우면 가장 잘 이행할 수 있을지를 결정하는 것을 말한다. 현재의 당신은 성취하고자 하는 결과를 위해 어떤 단계를 필요로 하는가?

아마도 곧 1단계 2단계, 3단계가 기억날 것이다. 그렇다면 그 생각을 적어 나가면서 각 단계의 번호를 적으면 된다.

그러나 제대로 기억이 나지 않고 도움이 필요하다면, 그 목표가 이행될 때 내 생활에서 무엇을 실제로 해야 할지를 마음 속에서 그려 봄으로써 그 목표의 프로그램을 시작하는 것이 효과적이다. 당신의 목표를 가능한 한 완수된 사실로 생각하고 생생한 설계도를 머리 속에 그려 보도록 하라. 생각할 수 있는 모든 세세한 것까지 하도록 하라. 예를 들면, 당신의 목표가 개인적 성경 공부를 발전시키는 것이라면, 자신이 실제적으로 더 진전된 공부를 하는 상태를 구상해야 한다. 더욱 일찍 일어나고, 말씀에 따라 합당한 일을 실천하고 공부한 것을 생각하고 배운 내용을 이행하는 등등의 일을 마음 속에 그려 보라.

마음 속으로 그려 봄으로써, 설정해 놓은 방안을 실천하도록 자신에게 동기가 부여되는 것을 느낄 수 있을 것이다. 예를 들면 아침에 일찍 기상하는 것을 그려 보았다면 그대로 이루기 위해서 머리맡에 자명종을 놓고 자는 등 어떠한 행동을 취하려 하게 될 것이다.

이렇게 해 나가다 보면, 과거에 목표 이행을 방해하던 장벽이나 문제들이 무엇이었는지 드러나기 시작할 것이다. 예를 들면 늦잠 자는 이유로 새벽에 효과적인 성경 공부를 할 수 없었음을 알게 되었을 것이다. 사실상 그러한 방해 요소들을 극복해 내지 못했던 이유 중 하나는 그 사실을 바로 깨닫고 인정하지 못했기 때문이다. 일단 방해 요소를 알게 되면, 극복하기는 쉬울 것이다.

*브레인스토밍을 활용하라.

---

*브레인스토밍(Brainstorming)이란 어떤 평가나 제약이 없이 가능한 떠오르는 생각들을 순서 없이 적어 자유롭게 창조적인 많은 아이디어를 얻는 것으로 차후에 이 생각들을 여과시킨다.

프로그램에 도움이 되는 또 하나의 요령은 단순히 그 목표 달성을 위하여 가능한 모든 다양한 방법들을 위하여 가능한 모든 다양한 방법들을 생각해 보는 것이다. 곧 자기 자신이 참된 성장을 위하여 가능한 여러 가지 방법들을 생각해 보는 것이다. 생각이 떠오르면 평가할 필요도 없이 그 모든 생각을 적으라. 평가는 나중으로 미루라.

떠오른 생각들을 적은 후에는 그 목록을 잘 살펴보고 그 생각들로부터 어떠한 결과가 나올 수가 있는지 살펴보라. 그러면 그 중에 몇 가지는 생산적이지 않은 것도 끼여 있음을 알아내게 될 것이다. 여러 생각들을 적어 놓은 목록에서 논리적으로 합당한 첫째 순위의 활동을 택해서 그 앞에 '①'이라고 기입한다. 그리고 다음 것에는 '②'라고 기입한다. 그러다 보면 결국 당신은 아마 필요 없는 몇 항목만을 남겨두게 될 것이다.

만일 어떤 생각들이 가져 올 결과를 분명하게 알아낼 수 없는 경우, 항상 사용할 수 있는 하나의 방법이 있다. 그 목록을 살펴보고, 당신의 목표 수행을 향하여 가장 먼 시간까지 행할 수 있을 것 같은 항목을 하나 골라서 '①'이라고 적고 그 다음은 '②'라고 적는다. 이 방법은 뒤에 나올 보기에서 행한 대로이다. 그 보기에 나오는 사람은 달리기를 좋아하지 않기 때문에 계획안에서 제외시켰다. 또 그는 팔굽혀펴기도 별로 숨이 차지 않는 운동이기 때문에 미루어 놓고, 걷기 운동은 또한 너무 시간이 걸린다 하여 역시 제외시켰다. 그는 당시 돈이 부족했으므로 헬스 클럽에 가려던 생각도 미루어 놓았다.

이제 여기서 멈추고 당신의 최우선 순위의 목표를 수행할 가장 좋은 방안을 결정하라. 필요하면 어떠한 요령이라도 사용하라. 제 3장에서 계획했던 것이 이때 도움이 된다면 그것을 사용해도 좋다.

계획표와 예산안 작성

항상 그런 것은 아니지만 아무리 간단한 계획이라도 시간 배정이나 필요한 자원을 고려해 두는 것이 도움이 된다. 적어도 최우선 순위의 활동을 시작할 때에는 세밀한 부분까지 생각해 보는 것이 좋다. 그러한 예로 뒤의 보기에서 나오는 그 사람은 신체 단련 운동의 목표에 따라 비용면에서 자신의 분수에 맞는 줄넘기 운동을 하기로 결정했다. 그는 하루에 10분씩 아침마다 줄넘기를 할 계획을 세웠다. 또 그는 바로 이튿날 줄넘기 용구를 사기로 하고 그 다음날부터 줄넘기를 시작하기로 했다. 여기서 잠시 멈추고 그 사람의 경우에 비추어 당신의 계획도 고려해 보라.

계획표는 항상 볼 수 있는 곳에 보관하라.

계획표는 당신이 자주 볼 수 있는 위치에 두는 것이 매우 중요하다. 그렇게 하는 한 가지 방법은 당신의 계획표를 집에 있는 거실이나 화장대 옆 등 눈에 띄는 곳에 두는 것이다. 또 다른 방법은 3×5인치 카드에 가장 중요한 활동을 적어서 당신이 매일 아침 보게 되는 거울에 테이프로 붙여 놓는 것이다.

제 4장에서, 그리고 제 10장에서 당신의 제 1순위의 활동을 하루 계획표와 주간 계획표에 어떤 체계로 포함시키는가에 대해 설명하고 있다. 다른 어떠한 일이 중요하다고 해서 제 1순위의 일을 소홀히 해서는 안된다. 제 1순위의 일은 당신의 가장 중요한 목표에 기여하는 것이기 때문이다. 다른 많은 일들을 해 나가면서 정작 제 1순위의 일을 빠뜨리는 것은 당신도 원치 않을 것이다.

결 어

지금까지 읽어 오면서 당신은 아마도 여러 번 다소의 혼동을 느꼈을지도 모르겠지만, 나는 당신을 조금이라도 잘못되게 할 의도는 전혀 없다. 아무튼 만일, 당신이 계획을 세움에 있어 좀더 충실히 하고 싶다면 프로그램, 계획표 작성, 예산안 설정의 각 단계마다 제 2, 제 3의 목표들까지 포함시켜라. 각 경우마다 새 종이를 꺼내어 맨 위에 그 목표를 기록하고 그에 따른 유익을 함께 적어 두라.

　결론적으로 이번 장에서는 계획을 세우는 과정에 대해 좀더 배울 기회를 가졌다. 또 당신은 개인적 목표를 추구하고 결정하는 방법에 관해 세밀히 생각을 해 보았을 것이다. 그 방법을 적용해 나감에 따라 그것은 하나님께서 당신의 생애에 대한 특별한 계획을 알려주시기 위해 사용하실 효과적인 도구가 된다는 것을 깨닫게 될 것이다.

계획 수립의 실례

목표 :

육체적으로 더 나은 몸매를 가꾸기

최소한 쿠퍼 박사의 저서, 〈새로운 에어로빅〉에서 제시된 최소의 수준까지 달성할 것.

유익—좋은 기분
      심장병이나 기타 질병에 도움
      숨이 가쁘지 않고 계단을 오를 수 있음

프로그램 :

달리기
줄넘기
팔굽혀펴기
걷기
헬스 클럽에 가입

계획표 및 예산

내일 줄을 사기로함(5달러로 예상).
모레 아침부터 줄넘기 시작
줄넘고 쉬기를 번갈아서 10분간.

제 9 장
삶을 위한 하나님의 뜻을 아는 방법

우리들 중에는 자신의 삶에 대한 주님의 뜻이 무엇인지에 관해 잘 아는 사람도 있지만 또한 이에 대해 확신을 덜 하는 사람도 있다. 어쨌든 우리 모두는 주님께서 우리에게 명하시는 바가 무엇인지를 알기 위해서 주님께 도움을 받는 것이 좋다. 그런 점에서 볼 때 내게 매우 가치있었던 9가지 사실을 당신과 함께 나누고자 한다. 많은 도움이 되기를 바란다.

성령으로 충만하라.

어느 상황에서든지 주님의 뜻을 아는 최선의 방법은 성령의 충만을 받는 것이다. (에베소서 5 : 18에서 받은 이 특별한 명령은 제 2장에서도 다루어진 바 있다.) 당신이 성령과 동행할 때, 즉 주님께서 당신의 생활을 친히 주관하실 때, 당신은 그가 무엇을 원하시는지를 알 수 있다. 그러므로써 주님께서 그 분의 생각을 당신 마음 속에 두실 수가 있고, 그 생각으로 비롯된 행위에 의하여 당신은 옳게 행하고 있음을 알 수가 있는 것이다.

잠언 3장 5, 6절 말씀에서 알 수 있듯이 만일 당신이 '마음을 다하여 여호와를 의뢰'하면, 그리고 '범사에 그를 인정'하면, 그는 당신의 길을 인도하실 것이다.
 당신이 하나님의 성령으로 충만하다는 확신을 가지는 단계는 내가 언급할 수 있는 개념들 중 가장 중요한 것이다.

지혜를 구하는 기도

 야고보서 1장 5절에 '너희 중에 누구든지 지혜가 부족하거든 모든 사람에게 후히 주시고 꾸짖지 아니하시는 하나님께 구하라 그리하면 주시리라'는 말씀을 기억하라. 하나님께서는 우리에게 어떤 문제에 관한 것이든지 지혜를 주시겠다고 약속하셨으며 그 지혜는 당신의 삶에 대한 하나님의 뜻을 아는 지혜와 당신이 직면하는 어떤 특정한 상황에 대처할 수 있는 지혜를 모두 포함하는 것이다.

영적인 목표를 고려하라.

 제 3장, 8장에서 언급한 바와 같이 성경은 그리스도인인 우리 모두에게 공통적으로 3가지의 기본적인 목표를 제시하고 있다. 요한복음 15장 8절은 그러한 목표를 요약해서 가르쳐 주고 있다. '너희가 과실을 많이 맺으면 내 아버지께서 영광을 받으실 것이요 너희가 내 제자가 되리라' 이 말씀에 따라서 우리는 불신자에게 복음을 증거하고 또 다른 그리스도인 및 자기 자신을 제자화 함으로써 열매를 많이 맺는 생활을 해야 하며, 점점 주님의 형상을 닮아 가도록 해야 한다. 그것은 주님을 영화롭게 하는 일인 것이다.
 하나님의 뜻을 찾고자 노력한다면, 당신은 위의 세 가지 목표가 주님께서 당신에게 원하시는 목표라는 것을 알게 될 것이다. 그러므로 인생의 목표를 결정할 때에는 그 세 가지의 영적인 목표를 상기하여 그것에 초점을 맞추어야 현명할 것이다.

성경 말씀을 고려하라.

'모든 성경은 하나님의 감동으로 된 것으로 교훈과 책망과 바르게 함과 의로 교육하기에 유익하리 이는 하나님의 사람으로 온전케 하며 모든 선한 일을 행하기에 온전케 하려 함이니라(디모데후서 3:16, 17)'

위의 말씀은 우리의 행동이 성경 말씀이 뜻하는 바에 어긋나지 않는지를 테스트해 보기에 적당하다. 당신이 하는 행동의 제한선으로 성경 말씀을 제시해 두고 당신은 주님의 뜻의 영역 안에만 있도록 하라. 예를 들어 당신이 변두리 술집에서 고고춤을 추는 무용수가 되고자 한다면, 그것은 하나님께서 원하시는 것이 아니라는 이유를 성경 말씀을 찾아봄으로써 금방 알아 낼 수가 있는 것이다.

또한 하나님께서 당신의 마음 속에 일정 기간의 시간을 통해 감동을 주고 계신 성경 말씀 중에 당신이 결정하려 하는 것에 관련된 내용이 있으면 그것을 고려하도록 하라.

당신 자신에 대해 고려하라.

당신의 강점을 자세히 조사해 보라. 주님이 주신 은사, 당신의 재능, 교육, 경험 등등을 고려하라. 시편 37편 23절에서는 '여호와께서 사람의 걸음을 정하시고'라고 말씀하신다. 당신이 주님의 뜻대로 살고자 한다면, 하나님께서 당신에게 부여하신 것은 모두가 유용한 것임을 명심하라.

내가 대학생선교회의 간사로서 일하게 되었을 때, 나는 경영 분야의 일을 맡기를 원했다. 이 분야를 원한 이유는 주님께서 주셨다고 느낀 것을 신중히 시험해 보려는 데 있었다. 예를 들면, 하나님께서는 내게 그 분야의 석사학위를 주셨고, 과거의 경험도 있었으며, 흥미도 갖고 있어서, 훌륭한 경영 능력을 발휘하는 것이 주님께서 원하시는 나의 소임인 것 같았기 때문이다.

콜롬비아 성경 대학에 유능한 성경 교사인 맨포오드 구츠키(Manford Gutzke)는 누구나 인생에 관한 하나님의 뜻을 알기 위해서는 지나간 과거를 되돌아보는 것이 도움이 된다고 주장한다. 특히 당신이 주님을 인생의 구주로서 모셨다면, 당신은 아마도 미래의 계획에 대해 지금까지 많은 지시를 받아왔을 것이다. 과거에 지시받은 내용을 모두 잊어버리지 말라. 하나님께서 과거에 당신에게 나타내셨던 것을 내일 갑자기 변경하시리라고 생각하지는 말라. 예를 들면 대학생선교회의 간사로서 계속 일하면서 구태여 C.C.C.에서 일하는 것이 주님의 뜻인지 날마다 주님께 물어 볼 필요가 없다는 것이다. 하나님께서는 이미 그 일에 관해서는 나를 인도하여 주신 것이며, 특별히 다른 뜻을 나타내시지 않는 한, 그 일이 바로 하나님께서 원하시는 일이라는 것을 의심할 여지가 없는 것이다.

조언을 받아들이라.

잠언 11장 14절에서 '모사가 많으면 평안을 누리느니라'고 말씀하고 있다. 많은 경우에 있어서 평소에 당신이 존경하는 성숙한 그리스도인에게 충고나 조언을 구하는 것은 합당하다. 당신의 능력 이상의 특별한 조언을 받게 될지도 모르지만, 그 내용의 근본은 하나님의 뜻을 나타내는 훌륭한 지침이 될 수 있다.

계시적 감동을 고려하라.

빌립보서 2장 13절에서는 '너희 안에서 행하시는 이는 하나님이시니 자기의 기쁘신 뜻을 위하여 너희로 소원을 두고 행하게 하시나니'라고 말하고 있다. 또 요한복음 10장 27절에 그리스도께서 말씀하시기를, '내 양은 내 음성을 들으며 나는 저희를 알며 저희는 나를 따르느니라'라고 하셨다. 이 두 가지의 말씀은 주님께서 우리에게 감동을 통하여 그 분의 뜻을 나타내신다는 것을 지적하고 있다.

하나님께 우리의 생활을 주관해 주시도록 맡기고, '우리의 영적인 촉각'을 곤두세우고 있으면, 주님께서 우리에게 주시는 감동을 받을 수 있다. 물론 감동이란 주님 외에 다른 것으로부터 오기도 한다. 그러나 당신이 성령과 동행하고, 성경 말씀과 일치하는 어떠한 감동이 매일 또는 매주 계속적으로 일어난다면, 혹은 그 감동이 주님으로부터 온 것이 아니라서 잊어버리게 해달라고 요청을 해도 계속하여 그 감동이 사라지지 않는다면, 그 감동은 온전히 주님으로부터 온 것임을 확신할 수 있다.

내가 경험한 것 중에 가장 충격적으로 받았던 감동은 대학생선교회에서 플로리다의 사역을 위해 3개월 이내로 적당한 관리자를 한 사람 발탁하라는 책임을 받았을 때이다. 나는 우선 3개월간 임시 관리자를 지정해 놓은 후에 적당한 인물을 찾아 나섰다. 그러나 아무도 찾지 못한 채 3개월이 지나가 버렸다. 그 시점에서 내가 취할 유일한 길은 내 자신이 그 관리자의 임무를 인수하는 것이었다. 나는 캘리포니아주의 산 베르나르디노에 있는 대학생선교회 본부에도 정규 임무를 가지고 있었기 때문에 수천 마일의 거리를 둔 두 가지의 전임 업무를 맡는다는 것은 매우 힘겨웠다.

이틀 후인 월요일 새벽이었다. 플로리다의 사무실에서 경건의 시간을 보내던 중 우연히 요한복음 15장에 있는 말씀을 읽게 되었다. '너희가 내 안에 거하고 내 말이 너희 안에 거하면 무엇이든지 원하는 대로 구하라 그리하면 이루리라' 나는 이 말씀을 읽자 마자 내 속에서 '너는 그 말씀을 믿는가?'하고 거의 들릴 정도로 말하는 음성을 들었다.

'금요일까지 너의 관리자를 구해달라고 요청하라.'는 감동은 계속되었다.

'잠깐만 기다려주세요.'하고 나는 말했다. '저는 90일간이나 그 관리자를 찾아다녔지만 도무지 찾을 수가 없었어요. 금요일까지는

관리자를 찾기 어려울거에요.'

'그 말씀을 믿는가?'하는 말이 계속해서 떠올랐다.

'네, 모든 성경 말씀은 주님에 의해 영감으로 이루어진 것이니까요.' 라고 대답했다.

'그렇다면 금요일까지 관리자를 찾도록 기도하라.'

나는 약간 주저하다가, 금요일까지 예비하신 관리자를 만나게 해 달라고 기도하고 나서 경건의 시간을 마쳤다.

그때가 오전 8시쯤 되었었는데, 내 책상 옆에 많은 전문들이 떨어져 있었다. 내가 그것들을 집으려 하는데, 내 손가락이 특히 그 중 하나에게로 끌리는 것을 느꼈다. 거기에는, '워렌 브록(Warren Brock) 에게 전화할 것' 이라고만 써 있고, 포트 로더데일(Fort Lauderdale)의 전화 번호가 적혀 있었다. 나는 워렌 브록이란 이름을 가진 사람을 알지 못했고, 단지 그는 우리와 거래하는 은행가일 것이라는 추측만 할 수 있었다. 어쨌든 나는 그에게 전화를 걸었다.

사무적인 인사를 나눈 뒤에 그가 맨 처음 하는 말이, "당신이 관리자를 찾고 있다고 알고 있읍니다만…"하는 것이었다. 그는 계속해서, 자신의 경력은 보장할 수 있으며, 그것은 바로 우리가 필요로 하는 경력이며, 자신은 최근에 여러 가지 이유로 직장을 그만두었으며, 우리가 자신을 받아만 준다면, 유능한 일군이 되겠다고 말하는 것이었다. 이틀 후에 그는 발탁이 되었다.

나는 내가 주님을 믿지 않았더라면, 그리고 그 분이 가르쳐 주신 대로 기도드리지 않았다면, 과연 주님께서 그 전문을 어떻게 하셨을까 하고 생각해 보았다. 당신은 그런 경우, 그 전문이 이루어질 수 없는 사명을 기록한 채 그저 스스로 사라져 버렸을 것이라고 생각하는가? 그럴지도 모른다. 그러나 내가 알 수 있는 단 한 가지의 사실은, 주님께서는 항상 그러한 방법으로 일하시지는 않더라도, 우리에게 감동을 통해서 그의 뜻을 나타내실 수 있다는 것이다.

찬, 반 양론을 고려하라.

고린도전서 2장 15절에서, '신령한 자는 모든 것을 판단하나'라고 하고, 16절에서는, 그리스도인인 우리는 그리스도의 마음을 가졌다고 말씀한다. 여러 가지의 양자 택일의 문제에서 찬, 반 양론을 고려하는 것은 주님께서 우리에게 주신 건전한 마음을 사용할 수 있는 방법이다.

종이 한 장을 꺼내어 맨 위에 나란히 당신의 양자 택일 문제를 적으라. 그리고 그 아래에는 각각 공란을 만들어서 찬성론(유익이 되는 점)과 반대론(손해가 되는 점)을 적어 넣으라. 그러면 당신이 적어 놓은 것을 보고, 어느 쪽이 합당한지를 쉽게 결정할 수 있을 것이다.

주님이 주시는 평안을 구하라.

골로새서 3장 15절에서는, '그리스도의 평강이 너희 마음을 주장하게 하라' 말씀한다. 당신이 임시로 결정한 바를 그것이 하나님의 뜻인지 확인하는 의미로써 평안을 달라고 주님께 요청하라. 중대한 결정을 함에 있어서는 특히 주님께서 주시는 평안을 기다리는 것이 각별히 중요하다.

내가 지금의 아내인 쥬디에게 청혼하기로 결정을 내리기 전까지는 그녀와 데이트도 자주 하지 못했다. 오랜 시간이 지나서야, 우리의 결혼을 하나님께서도 반대하시지 않을 것이라고 느꼈다. 그런데도 어떤 이유인지 하나님께서는 내게 확실한 평안을 주지 않으셨다. 아마도 그때 평안이 확실하지 못했던 이유는 직무로 인한 출장과 주님께서 내게 시키시는 일과 연관이 있었던 것 같다. 또는 내가 그 당시 결혼에 대한 마음의 준비가 되어 있지 못했던 점, 혹은 내가 모르는 쥬디의 생활 속에서 주님께서 역사하고 계시는 어떠한 것들에 관련되었는지도 모른다. 그 이유가 무엇이든, 주님께서는 내 마음 깊숙이 평안을 주지 않으셨고, 나는 그 평안 없이는 결혼할 수가 없었다.

결혼이란 취소할 수 없는 중대한 결정이므로, 나는 쥬디와의 결혼이 주님께서 의도하시는 것이라는 절대적인 확신이 필요했다. 시간이 흐른 후, 하나님께서 마침내 고대하던 확실한 평안을 주셨을 때, 나는 쥬디에게 청혼을 했다.

결 어

위에서 살펴본 9가지 개념들은 당신의 삶에 대한 주님의 뜻을 알고자 할 때 도움을 줄 수 있을 것이다. 그것들은 또한 당신이 다른 결정을 내려야 할 때, 그리고 하나님의 특정한 지혜를 구할 때에도 도움을 줄 것이다.

하나님의 뜻을 알 수 있는 가장 확실하고 중요한 방법은, 당신이 성령으로 충만하고 참으로 성령과 동행하며, 주님께 당신의 생활을 주관하시고 지배하시도록 내어 맡기는 것이라는 점을 기억하라. 주님과 가까이 동행하면, 그는 온전히 당신에게 그의 뜻을 나타내시기 위해 그 특징을 규명하는 9가지 개념들 중 어느 것, 또는 나머지 8가지 모두를 사용하실 것이다. 또한 주님과 동행함으로써, 당신이 주님의 뜻 안에 거하고 있다는 사실을 확신하게 될 것이다.

제 10 장
한 주간의 계획 세우기

 제 4장에서는 한정된 짧은 기간을 위해 그리고 하루를 위한 계획을 세우는 법에 관해 배웠다. 이제는 주간 계획을 세우는 데에도 그와 똑같은 방법으로 적용된다는 것을 보여주고자 한다. 당신이 바쁠수록 그리고 생활이 복잡할수록 한 번에 하루씩 계획하는 것보다는 그 이상을 한꺼번에 계획하는 것이 더욱 유리할 것이다.
 짧은 시간이든 긴 시간이든 계획을 세우는 데에는 4단계, 즉 목록 작성, 위임 여부 조사, 우선 순위 결정, 시간표 작성 등이 필요하다. 다음은 이러한 4단계가 주간 계획표를 작성하는 데에 어떻게 적용되는가를 보여준다.

1단계 : 목록 작성

 우선 주님께 지혜를 구하고 다음 주간에 해야 할 일상적인 일들을 적어 보라. 다음은 일상적인 일들의 표본적 목록이다.
 1. 경건의 시간, 가족과의 시간
 2. 개인복지시간(수면, 식사, 휴식, 운동)
 3. 다음 주의 계획을 세우는 시간
 4. 장기적으로 계획한 일들. 이것은 당신의 직무, 개인적 생활, 가정

생활에 관한 모든 계획이 포함된다. 제 1우선 순위의 목표를 위한 가장 중요한 활동을 빠뜨리지 않도록 한다.
5. 약속이나 사회적 활동 등은 당신의 달력을 활용.
6. 다른 정규적인 활동(예 : 매주 월요회의, 오전 10시~12시 등)
7. 담당한 주요 직무(기획, 편지, 전화, 방문 등)
8. 비서나 아내의 달력을 통하여 알 수 있는 행사나 일.
9. 미루어진 일(최근의 임무, 지난 주에 넘어온 항목)

2단계 : 위임 여부 조사

다음에, 목록에 기록된 일들을 누군가에게 맡길 수 있는지를 결정하라.

당신이 해야 할 많은 일들은 다른 사람을 통해서도 할 수 있다는 것을 기억하라. 예를 들면, 당신은 비서에게 사업 우편물들을 회답 통보하는 일을 시킬 수도 있고, 대강의 요점만 알려주고 편지도 대신 쓰게 할 수도 있다. 당신이 꼭 해야 할 일인지, 위임해도 될 일인지 주의 깊게 살펴서 잘 선별하도록 하라.

남에게 위임할 때에는 진자(振子) 효과에 주의하라. 즉 이전에 남에게 일을 맡겨 본 경험이 별로 없는 사람은 누군가에게 일을 위임하기만 하면 처음부터 마술처럼 잘 이루어질 것으로 생각하기가 쉽다는 것이다. 당신의 일을 위임하고 나서는 그 항목을 목록에서 일단 지워버리라. 그리고 얼마 후까지도 그것이 완수되지 못했으면 당신이 다시 하라. 또 위임할 때에는 맡은 사람에게 합당한 지시를 주도록 하라. 그 일에 관해 질문을 받아 보는 것도 좋은 방법이다. 그리고 위임한 일을 언제 확인해 볼 것인지를 결정하여 그것을 달력에 메모해 두었다가 적당한 날에 그 일의 진행 과정을 물어 보고 도움을 원하면 도와 주도록 하라.

3단계 : 우선 순위 결정

다음 단계는 남은 항목들의 우선 순위를 결정하는 일이다. 이 과정에서 생각해 보아야 할 것은, 첫째 각 일들이 당신의 목표 달성에 얼마만큼 중대한 것인가, 둘째 이번 주에 그 일을 하는 것은 얼마나 긴급한가 이다. 우선 순위를 결정함에 있어서 중요성과 긴급성의 조화에 관해서는 제 4장에 잘 나와 있다. 중요한 항목을 긴급한 항목 때문에 계속 희생시키지 말라. 당신이 자주 하는 일이라고 해서 곧바로 그 일을 중요한 것으로 생각하지 말라.

우선 순위를 결정할 때는 제 4장에서 사용했던 번호의 체계를 사용할 수 있다. 그러나 다음의 순위 체계가 더욱 편리할 것같아 소개한다.

T = top 순위(최고 순위)
H = high 순위(고순위)
M = medium 순위(중순위)
L = low 순위(저순위)

많은 항목을 가진 긴 목록에는 순위를 결정할 때에 16순위, 17순위 등 자세히 번호를 붙이는 것보다는 위의 방법과 같이 네 가지로 분류하는 것이 더 쉬울 것이다.

최고 순위에 속하게 되는 일은 극히 적다. 대개 그에 속하는 항목의 일은 경건의 시간, 가족과의 시간, 개인의 평안을 위한 시간 등이다. 상당한 항목이 고순위 그리고 중순위가 될 것이다. 그리고 많은 항목이 저순위에 속하게 된다.

4단계 : 계획표 작성

마지막 단계는 우선 순위대로 주간 계획표에 시간을 할당하여 배치시키는 일이다. (이 단계에서는 정정, 또는 수정을 할 수 있도록 연필을 사용하는 것이 좋다.)

무엇보다도 먼저, 계획표에 넣어야 할 것은 당신이 참석해야 할 회의와 같이 이미 정해진 약속 등 최고 순위의 일들이다. 그 다음에는 배정하는 시간 주변에 점선을 그어가면서 중순위, 저순위의 약속들을 적어 넣도록 한다. 계획표에 완성선을 긋는 것은 변경이 불가능한 이미 정해진 시간 동안에는 다른 일을 계획하지 않기 위해서이다. 중순위, 또는 저순위의 약속들에 점선을 긋는 목적은 당신이 그것을 나중에 고순위의 일들과 바꿀 수도 있게 하기 위함이다.

얼마간의 시간이 흐른 뒤에는, 매주마다 규칙적으로 계획표에서 항상 똑같은 시간에 할당되고, 항상 최고, 또는 고순위로 책정되는 일들을 발견하게 될 것이다. 그렇다면, 그와 같은 일들은 목록에 기입하는 첫단계는 생략하고 위임 여부를 조사하고 우선 순위를 결정하여 곧바로 계획표에 넣는 것이 능률적이다. 그렇지만 몇 달에 한 번씩은 그러한 항목을 일의 위임 여부와 우선 순위를 다시 생각해 볼 필요가 있다.

일단 정해진 약속들이 계획표에 넣어졌으면, 그 나머지 항목들 가운데 최고 순위의 항목을 먼저 옮겨 적고, 그 다음은 고순위, 중순위, 저순위의 일을 옮겨 적는다. 계획표상의 하루 중 한 시간 정도는 남겨 두라. 그것은 예기치 못했던 일이 발생할 경우, 그 일 때문에 못하게 되는 다른 일을 그 여분의 시간에 대치하기 위함이다. 당신이 점선으로 그어 놓았던 일들이 결국 변동시킬 필요가 없다면 점선을 실선으로 확실히 그어 둔다.

몇 가지의 참고 사항

고순위의 일은 한 주간의 처음 부분의 시간에 할당시키는 것이 좋은 방법이다. 그 일이 예상보다 지연될 경우에 그 일을 완수하기에 적당한 시간을 나머지 기간 중에서 고려해 볼 수 있기 때문이다.

전화, 편지, 작은 업무 등 매우 간단한 일을 계획표에 넣을 때에는 시간을 할당시키지 말고, 그 일을 하기에 적당한 날을 선택하여 그날의 맨 아래에 있는 빈 공란에 적는다. 또한 그런 공란은 당신이 회의에서 다룰 간단한 내용 등을 적어 두는 것으로도 이용할 수 있다.

만일 계획표를 다 완성했는데, 중순위의 일 가운데에서 다섯 가지는 포함했지만 세 가지는 그 계획표에 포함시키지 못했다면 포함시킨 다섯 가지 일과 남은 세 가지 일들을 비교해 보아서 교체할 것이 있는지 검토해 보라. 중순위의 일들 중 조금이라도 더 낮은 순위는 제외시키고 조금이라도 높은 순위의 일을 대신 채워 넣으라.

당신의 항목들을 계획표에 기입할 때에 개인의 평안을 위한 시간, 즉 수면, 식사, 휴식 등의 일은 알맞은 시간을 책정하도록 유의하라. 또한 교통 시간도 잘 생각해서 책정하라. 계획표가 거의 다 완성되었을 때 교통 시간, 즉 거리를 다니게 되는 시간을 최소로 줄이기 위해 어떤 일을 재배치하게 될 때도 있다. 즉, 동일 장소 및 근처에서 해야 할 일이 있으면 그 두 가지 일을 같은 시간에 하도록 계획표에 기입하면 훨씬 가치있는 시간 활용이 된다.

계획표가 다 완성되고 나서 순위가 기입된 목록을 버리지 말라. 그 목록은 다음 주의 계획표 작성시 이번 주에서 미루어진 일을 가려내는 데에 필요하다.

당신이 계획표를 이행해 가면서, 계획했던 일들이 실제적으로는 어느 정도의 시간이 걸리는지를 기억해 두는 것도 좋은 방법이다. 그렇게 하면 앞으로 그러한 일들에 필요한 시간을 책정할 때에 더 정확할 수 있도록 도움을 줄 것이다.

다음에 나오는 실례는 내가 실제로 사용했던 주간 계획표의 형식이다.

〈실 예〉

이제 다음의 실례를 통하여 우리가 알아본 4단계가 실제적으로 한 주일을 계획하는 데 어떻게 적용되는가를 살펴보자.
1. **일의 목록** : 2월 10일, 토요일 아침에 죤 몰튼은 경건의 시간을 갖은 후, 2월 11일부터 2월 17일까지 한 주간의 계획을 세웠다. 그리하여 그는 다음과 같은 목록을 작성했다.

   가능한 활동들 : 죤은 이 난을 쓰지 않았다. 이 글은 단지 당신에게 죤이 그의 일들을 어떻게 기록했나 보여주기 위함이다. 아래의 번호들은 이 장에서 다룬 제 1단계 : 목록 작성에서의 순위 번호와 일치한다.

주님과의 시간(기도, 교회), 가족과의 시간	1
개인의 복지를 위한 시간(수면, 식사, 운동 등)	2
다음주 계획 세우기	3
전일제 및 시간제 근무 입사 지원자들과 상담	4—그의 직무상 연초 계획 그리고 7—주요 임무
전일제 및 시간제 면접 실시자 교육 (지원자들을 심사할 사람들)	"
설문지 인쇄 점검(월요일)	"
사무실로 전해진 설문지 정리(수요일)	"
컴퓨터 프로그램의 순행 여부 점검	"
다음주 신입사원 오리엔테이션 준비 (7시간)	"
부장들과 만나 한 주간의 직무설계 및 문제 사항 토론	"
다음주 조찬 기도 회의 설교 준비	"—개인적인 계획
기획 프로그램 검토	"
봅 밋첼과 점심 식사— 지역 사업가 (목요일 12~3 p.m.)	5—개인 다이어리에 기록된 약속
카알슨 목사와 만남(화요일 10~12 a.m.)	5

테일러 목사와 만남(수요일 1~3 p.m.)　〃
수요 예배(수요일 7~9 p.m.)　　　6—정기적 주간 계획
사업가 조찬 기도회　　　　　　　〃
(화요일 7:30~8:30 a.m.)
전도하러 나감—교회의 정규 프로그램　〃
(목요일 7~9 p.m.)
4복음서 학습 모임—그에 대한 준비와　〃
접대 포함(화요일 7~9 p.m.)
금주의 편지 답장(2시간)　　　　8—비서의 달력에 기록됨
서류에 철해 두는 작업(2시간)　　〃
짐 포스터의 생일 파티　　　　　〃—아내의 달력에 기록됨
(월요일 7:30~9:30 p.m.)
치과 의사와의 약속(토요일 8~9 a.m.)　〃
지하 작업장에 책장 세우기　　　9—그 외의 항목들
자동차 엔진 수리　　　　　　　〃
짐 클라크 방문(친구의 말에 의하면　〃
시내의 신진 사업가)
존 2세의 농구 게임 시청　　　　〃
(금요일 8~10 p.m.)
사무실 의자 페인팅　　　　　　〃

2. 위임 여부 점검 : 다음으로 그는 위임할 수 있는지를 알아보았다. 면접자들의 교육을 샘(부장)에게 맡기기로 하고 설문지 정리는 스우(비서)에게, 그리고 차를 정비소에 맡기는 일은 바브(아내)에게 위임했다. 그리고 이 세 가지를 위임하면서, 각각 적당한 설명도 해 주었다.
3. 우선 순위 결정 : 남은 일들에 대해 우선 순위를 정했다. 이 단계까지 마쳤을 때의 그의 목록은 다음과 같다.

잠정적인 활동 목록

T　주님과의 시간(기도, 교회), 가족과의 시간

T 개인의 안녕을 위한 시간(수면, 식사, 운동 등)
H 다음주 계획 세우기
H 전일제, 시간제 근무 입사 지원자들 상담(1차 합격자 결정)
샘 전일제, 시간제 면접 실시자 교육(지원자를 심사할 사람들)
H 설문지 인쇄 점검(월요일)
스우 사무실로 전해진 설문지 정리(수요일)
H 컴퓨터 프로그램 순행 여부 점검
H 다음주 신입 사원 오리엔테이션 준비(7시간)
H 부장들과 만나 한 주간의 직무 설계 및 문제 사항 토론
H 다음주 조찬 기도회 설교 준비
M 기획 프로그램 검토
M 봅 밋첼과 점심 식사—지역 사업가(목요일 12~3 p.m.)
M 카알슨 목사와 만남(화요일 10~12 a.m.)
H 테일러 목사와 만남(수요일 1~ p.m.)
H 수요 예배(수요일 7~9 p.m.)
H 사업가 조찬 기도회(화요일 7:30~8:30 a.m.)
H 전도하러 나감—교회 정규 프로그램(목요일 7~9 p.m.)
H 4복음서 학습 모임—준비와 접대 포함(화요일 7~9 p.m.)
H 금주의 편지 답장(2시간)
M 서류 철해 두는 작업(2시간)
L 짐 포스터 생일 파티(월요일 7:30~9:30 p.m.)
H 치과 의사와 약속(토요일 8~9 a.m.)
L 지하 작업장에 책장 설치
바브 자동차 엔진 수리
L 짐 클라크 방문(친구 말에 의하면 시내의 신진 사업가)
H 존 2세의 농구 게임 시청(금요일 8~10 p.m.)
L 사무실 의자 페인팅

4. 계획표 작성 : 마침내 그의 주간 계획표 작성 완료(이 장의 마지막 페이지에 수록했음). 존의 계획표 작성 과정은 다음과 같다. 정해진 약속 가운데 최고, 고순위의 일을 맨 먼저 계획표에 넣었다.(예 : 사업가 조찬 기도회— 화요일 오전 7 : 30～ 8 : 30) 다음은 중순위, 저순위의 약속(예 : 카알슨 목사와 만남—화요일 오전 10～12). 그 일들에는 점선을 그음, 그리고 나서 나머지 중의 최고순위 일들을 시간 할당 배치(예 : 기도, 예배, 가족과의 시간). 그리고 고순위의 일들을 계획표에 배치시켰다.

존은 예상치 못한 일을 대비한 약간의 시간만이 남을 때까지 그의 계획표에 중순위의 일들을 넣고 나서, 점선으로 그어 두었던 중순위, 저순위의 약속들을 검토하여 완성선을 긋는다. 중순위의 일들 중 서류를 철해 두는 작업만이 남겨진다. 존은 그 일을 다른 일이 일어나지 않는 한은 '예상치 못한 일'을 위한 시간에 하기로 하고 메모해 두었다. 그는 또한 저순위인 '책장 설치'는 가정에서의 일이기 때문에 가족과의 시간 중에 하기로 했다. 그래도 결국 저순위의 몇 가지 일은 남겨지게 되었다. 또 존은 간단한 일에는 시간 할당을 하지 않고 적당한 날의 공란에 기록만 해두었다. 샘에게 면접실 실시자 교육에 관해 설명을 해 주는 일은 잠간이면 되므로 화요일 아침으로 계획에 넣고 거리를 다니는 통행시간은 출퇴근 시간만을 허용했다.

주간 계획표 (2월 11일 ~ 17일)

시간	월요일 11	화요일 12	수요일 13	목요일 14	금요일 15	토요일 16	일요일 17
6	운동, 샤워, 명도, 기도 →						
7	경건의 시간 →						
8	아침식사 →	주찬 기도회	아침식사 →				재 아이산와 아침
9	가족과	부상들 면담	생애 연합훈사자 교육	오리엔테이션을 위한 준비		금주의 서신 답장	다음 주 계획표 작성
10	교회 예배		활동 목사				다음 주 선포도 준비
11	찬양	성문지 확인	↓			인사 치배자 면담	
12	점심 식사	→	인사 치배자 면담	테이블 독서	본 비철 (식사와 교제)	점심 식사 →	
1	가족과의	Computer program 연행 화득		↓	→	인사 치배자 면담	가족과의 시간
2	시간						
3	↓			인사 치배자들과 면담			↓
4		예상치 못한 일을 위한 시간					
5		퇴근 및 휴식 →					
6	저녁 식사 →						
7	교회	가족과의 시간	수북읽기 학습	수요 예배	청가 프로그램 (야외 활도)	가족과의 시간	
8						훈의 동구 시청	
9		가족과의 시간 및 휴식					
10	기계 모등 그룹들	↓					
11	취침	→					
12	낮에에 금주 중 서방치 못한 본대응들에 처사	수의에 선물지 정리 서사, 갯들 성명화에 흡집	예상치 못한 일에 맞춘 때, 서로 처래하는 작성				재때함시 정곡음치 가족과 태니스 계속

11장부터 17장까지의 소개

다음 7개의 장들은 우리 삶 속에 7가지 영역에서 필요한 것에 관해 당신의 생각을 고무시키고자 한다. 그 일곱 영역이란 영적, 정신적, 육체적, 사회적, 직업적, 재정적, 그리고 가정적 영역이다. 성경 말씀을 보면, '예수는 그 지혜와 그 키가 자라가며 하나님과 사람에게 더 사랑스러워 가시더라(누가복음 2:25)'고 기록되었는데 이 말씀을 통하여 예수께서는 4가지 인생의 중요한 영역, 즉 정신적, 육체적, 영적, 그리고 사회적으로 성숙되셨음을 나타낸다. 그 네 가지 영역은 우리에게도 해당된다. 그리고 우리가 직업을 가지고 있다면, 또는 우리가 시간을 보낼 만한 방법을 가지고 있다면, 그리고 배우자와 아이들과 같은 가족들이 있다면, 또 우리가 어떤 식으로든 돈을 받고 사용하고 있다면, 우리의 인생은 직업, 가정, 재정의 영역도 포함하고 있는 것이다.

각 장에서는 그 영역에 대한 성경적인 가르침이 제시되어 있다. 그리고 당신의 사고 체제에 기틀을 제공하기 위해 몇 가지 분석 및 구조를 설명하고 있다. 또한 각 장의 마지막 부분에는 당신에게 참고될 만한 문헌들을 소개하고 있다.

그리고 당신이 이전에는 경험해 보지 못한, 그렇지만 당신의 인생에 필요한 각 영역에서의 여러 면을 보여줄 것이다. 당신은 각 장들을 읽으면서, 펜과 노트를 준비하여 놓고, 소개되는 인생의 영역들 중에 당신에게 계발이 필요한 부분을 깨닫게 될 때 그것을 기록해 두면 좋다. 물론 읽기 전에 주님께 필요한 영역을 발견하고 깨달을 수 있도록, 또 주님께서 당신에게 강조하시고자 하는 영역이 무엇인지 알 수 있도록 지혜를 달라고 기도하도록 한다.

무조건 떠오르는 생각들을 모두 기록해 두지는 말라. 오직 하나님께서 당신에게 특별히 감동을 주시는 생각만 적으라.

그리하여 7개의 장을 모두 읽은 후에는 그 기록한 노트를 모아 정리해 놓고, 그것을 참고하여 다음 6개월 내지 12개월 사이의 목표를 세우라. 그 노트를 참고하면 당신에게 계발을 필요로 하는 영역을 발견하기 쉽게 될 것이며, 제 1의 목표도 그 노트로부터 나올지도 모른다. 그 노트는 계획 완수가 다 끝난 후까지도 계속 보관하였다가 그 다음 기간의 계획을 세울 때에도 참고하면 좋다.

제 11 장

삶의 영적인 영역

　삶의 영적인 영역은 우리와 주님과의 관계에 관한 것이며 따라서 가장 중요한 영역이다.
　제 2장에서, 우리는 주님과 동행하는 방법에 대해, 그리고 주님과 동행하는 것이 어째서 자신을 관리하는 최선의 방법인가에 관해 논한 바 있다. 주님과 가까이 지속적으로 동행함으로써 당신은 그의 지혜를 받을 수 있고 당신에게 주고자 하는 인생의 특성을 알 수 있는 능력을 부여받을 수 있다. 주님과 동행하는 생활을 한다는 것은 당신의 삶의 환경으로부터의 자유를 보장하는 것이 아니라 당신의 성품이 그리스도를 닮아 가게 하는 길이라는 것도 배웠다. 로마서 8장 29절에 보면, 하나님께서는 우리로 하여금 그리스도의 형상을 본받게 하시려 한다는 것을 알 수 있다. '하나님이 미리 아신 자들로 또한 그 아들의 형상을 본받게 하기 위하여 미리 정하셨으니 이는 그로 많은 형제 중에서 맏아들이 되게 하려 하심이니라'
　수년간 대학생선교회에서 초신자 훈련 과정을 맡아 오면서, 우리는 그리스도의 형상을 본받게 되는 사람이 점차적으로 갖게 되는 특정한 성격에 대해 성경적으로 알아보려고 노력해 왔다. 이번 장은 그러한 특성에 대해 논하고자 한다. 그러한 특성을 갖게 되는 영역의 발전이란 시간과 하나님을 믿는 마음에 관련이 있다. 학문적으로 얻어지는 것도 아니고, 유행과도 상관이 없다. 예수 그리스도의 제자로서 주님의 말씀에 순종하고 위대한 사역의 완수를 돕는 일에 능동적이 되도록 해야 하며, 다른 그리스도인들의 성령 충만을 고양시키도록 노력해야 하는 것이다. 또한 그러기 위해서는 그리스도의 다른 제자들과 교제하는 것이 중요하다.

그리스도의 제자로서의 가장 결정적인 특성은 하나님께로부터 부여받는 능력이다. 이것은 순간순간 주님께 민감할 수 있게 하며, 주님께서 원하시는 일을 성취할 수 있게 해 준다. 또 다른 두 가지의 주요 특성을 인도함을 받아 행하는 것이다. 그리스도의 제자라면, 날마다 주님과 사람들과 그리고 자신과의 일상 생활 속에서 주님의 말씀의 원칙과 명령을 따르고자 노력해야 한다. 그리고 그리스도의 제자는 또한 행함이 있는 사람이어야 한다. 불신자들에게는 복음을 전파하고, 동료 그리스도인들을 서로 세워 주고 섬겨야 한다.

이번 장의 마지막으로는 그리스도의 제자로서, 생활에 점차적으로 나타나게 되는 11가지의 특성을 간략히 설명했다. 그것을 읽기 전에 주님께 당신이 필요로 하는 특성을 깨달을 수 있는 지혜를 달라고 기도하라. 그리고 나서는 요점을 메모해 가면서 읽도록 하라.

능력

'오직 성령의 열매는 사랑과 희락과 화평과 오래 참음과 자비와 양선과 충성과 온유와 절제니 이 같은 것을 금지할 법이 없느니라 (갈라디아서 5 : 22, 23)'

그리스도의 제자는 그의 속에 내재하시는 성령님께서 일상 생활을 인도하시고 능력주시도록 맡기게 된다. 또한 그는 점차적으로 예수 그리스도와의 관계로 인한 자신의 모든 의미, 소유한 것들의 의미를 알아 가게 되며 점점 그리스도의 형상을 닮아 가게 되는 것이다.

인도받음

'모든 성경은 하나님의 감동으로 된 것으로 교훈과 책망과 바르게 함과 의로 교육하기에 유익하니 이는 하나님의 사람을 온전케 하며 모든 선한 일을 행하기에 온전케 하려 함이니라(디모데후서 3 : 16, 17)'

그리스도의 제자는 환경에 대한 인도와 안내를 받기 위해 하나님의 말씀에 의존하게 되며 하나님의 최종적 권위인 성경, 즉 하나님과 사람들, 그리고 자신에 대한 지식의 근본이라 할 수 있는 성경을 의지하게 된다. 하나님의 말씀을 연구하여, 그의 가르침을 깨닫고 그의 가르침을 생활과 사역에 적용시키도록 한다.

행함

'그러므로 너희는 가서 모든 족속으로 제자를 삼아 아버지와 아들과 성령의 이름으로 세례를 주고 내가 너희에게 분부한 모든 것을 가르쳐 지키게 하라 볼지어다 내가 세상 끝날까지 너희와 항상 함께 있으리라 하시니라(마태복음 28 : 19, 20)'

그리스도의 제자는, 첫째로 자신의 일생을 주님을 위해 헌신적으로 봉사하는 기회로 사용하며, 둘째로 다른 사람에게 복음을 전파하며, 셋째로 그들이 믿음으로 성장할 수 있도록 도우며, 네째로 그들로 하여금 구세주를 위해 또 다른 사람들이 믿음으로 성장할 수 있도록 영적인 승법 번식자 역할을 다 할 수 있게 한다. 또한 그리스도의 제자는 자신의 모든 영역에서 그리스도를 위한 삶을 좇으며, 자신의 세대에서 주님의 지상 명령을 완수하도록 돕고, 세상을 변화시키도록 돕는다. 그리고 하나님께서 인도해 주시는 영역에서 주님께 봉사할 준비가 되어 있어야 한다.

믿음

'믿음이 없이는 기쁘시게 못하나니 하나님께 나아가는 자는 반드시 그가 계신 것과 또한 그가 자기를 찾는 자들에게 상 주시는 이심을 믿어야 할 지니라(히브리서 11 : 6)'

그리스도의 제자는 하나님의 특성, 즉 인간으로 볼 때 하나이신 아버지와 그의 아들 예수 그리스도, 그리고 성령, 이렇게 삼위 일체이신 하나님을 이해하게 된다. 또한 하나님에 대한, 그리고 주님을 믿고 순종하는 사람들에게 약속하신 은사에 대한 보답으로써 제자가 지녀야 할 것은 믿음이다. 이러한 깨달음에 기초하여, 그리스도의 제자는 그리스도인의 삶을 살기 위해서 믿음으로써 하나님의 무한하신 자원을 전해 받을 수 있다.

청지기

'무릇 많이 받은 자에게는 많이 찾을 것이요 많이 맡은 자에게는 많이 달라 할 것이니라(누가복음 12 : 48 하)'

그리스도의 제자는 그의 인생의 모든 영역, 예를 들면 정신, 감정, 의지, 신체, 개인 관계, 재능, 물질 등의 영역에서 하나님을 주로 받아들이게 된다. 그는 자신과 자신이 가진 모든 것이 궁극적으로는 주님으로부터 받은 선물임을 깨닫고 이러한 축복들의 선한 청지기가 되는 것이다.

기도

'쉬지 말고 기도하라(데살로니가전서 5 : 17)'

주님을 따르던 열 두 제자, 그리고 수세기를 통한 그리스도인 지도자들은 주님의 모범을 본받는 제자로서 기도를 생활의 최우선 순위에 놓았었다. 하나님께서는 이러한 제자들과의 친교를 기뻐하시며, 그들에게 예배받기를 원하시며, 그들의 간구를 환영하신다. 또한 제자들은 자신이 사역하고 있는 사람에 대하여 참으며, 그를 위해 기도해야 한다.

순종

'나의 계명을 가지고 지키는 자라야 나를 사랑하는 자니 나를 사랑하는 자는 내 아버지께 사랑을 받을 것이요 나도 그를 사랑하여 그에게 나를 나타내리라(요한복음 4 : 21)'

제자는 날마다 주님께 순종하도록 힘쓴다. 주님의 명령과 바라시는 것을 이해함에 따라 그것을 기꺼이 수락하여 그것을 바로 자신이 원하는 것으로 받아들이게 된다. 하늘에 계신 아버지께 순종하는 것은 자신에 대한 하나님의 권능에 순종하는 것을 포함하는 것이다.

사랑

'사랑하는 자들아 우리가 서로 사랑하자 사랑은 하나님께 속한 것이니 사랑하는 자마다 하나님께로 나서 하나님을 알고 사랑하지 아니하는 자는 하나님을 알지 못하나니 이는 하나님은 사랑이심이라 (요한일서 4 : 7, 8)'

제자는 점차적으로 무조건적인, 그리고 초자연적인 주님의 사랑을 그의 인생에서 체험하게 되고 가족 친구, 그리고 이웃에 대해서도 합당한 방법으로 그와 같은 사랑을 베풀게 된다.

교제

'서로 돌아보아 사랑과 선행을 격려하며 모이기를 폐하는 어떤 사람들의 습관과 같이 하지 말고 오직 권하여 그 날이 가까움을 볼수록 더욱 그리하자(히브리서 10 : 24, 25)'

제자는 하나님의 사람들과 교제하기를 즐거워하며 지역 및, 세계 모두의 전 교회에 속하며 서로 이해한다. 그는 또한 주님의 지상 명령을 완수하려는 교회의 노력에 마음을 같이 하고 동참하게 된다.

원대한 비전

'오직 성령이 너희에게 임하시면 너희가 권능을 받고 예루살렘과 온 유대와 사마리아와 땅끝까지 이르러 내 증인이 되리라 하시니라 (사도행전 1 : 8)'

제자는 점차적으로 세상을 바라봄에 있어, 세상의 문제들, 필요한 것들에 대해 주님의 안목을 갖게 된다. 그리하여 제자의 기도는 다음과 같이 된다. '나의 구주 예수시여, 만일 당신께서 저라면 성령의 능력으로 무엇을 계획하고 행하시겠읍니까?' 그는 자신의 재능, 능력, 비전이 주님께 받은 은사임을 깨닫게 되고, 그 은사들을 완전케 하기 위해서 믿음으로 그 보답을 할 때에 기쁨을 가지고 하는 것이다.

지도력

'사람이 감독의 직분을 얻으려 하면 선한 일을 사모한다 함이로다 (디모데전서 3 : 1)'

제자는 주님께서 자신에게 부여하신 특정한 영역에서의 지도자가 되기를 추구한다. 그것은 즉, 다른 사람들로 하여금 헌신, 모임, 예배에 힘쓰고 말씀과 성령으로 인도받는 삶을 살게 함으로써 맡은 바 주님의 지상 명령의 완수를 돕도록 그들의 마음을 움직이는 것이다.

지금까지 예수 그리스도의 제자로서 그 형상을 닮아 가는 사람들의 11가지 특성을 알아보았다. 당신은 이상의 특성을 읽으면서 영적인 영역에서의 계발이 필요한 부분을 알게 되었는가? 그렇다면 그것을 기록하라. 그리고 다음에 계속되는 6개의 장들을 읽으면서 역시 필요한 내용을 기록해 두면 좋을 것이다.

도움의 원천

당신도 위에서 본 특성을 계발하고자 할 때는 당신의 신앙적 지도자가 가장 가까운 도움의 원천이 된다는 사실을 기억하라. 하나님께서 계발하라고 감동을 주는 영역에 관해 알맞은 카세트 테이프나 관련 서적을 추천해 달라고 그에게 부탁하라.

대학생선교회에서는 그리스도의 제자로서의 특성을 갖추게 하고, 당신에게 필요한 영역을 발전시킬 수 있도록 하기 위한 여러 가지 도움을 주고 있다. 예를 들면 하나님의 영이 그리스도인인 당신에게 어떻게 권능을 부여하시는지, 그리고 당신의 인생을 어떻게 인도하시는지에 관해 자세하게 설명된 책자들과 성경 공부를 위한 책들도 많이 보유하고 있다. 그러한 책이나 그 외에 필요한 책을 구하고자 한다면, 또 많은 정보를 얻기를 원한다면, 다음의 주소로 연락해 주기 바란다.

100-120 서울 중구 정동 15-5 한국대학생선교회

또는 근처의 기독 서적 센타에 들려서 당신이 필요로 하는 영역에 관한 책들을 훑어보고 선택하는 것도 좋은 방법이다. 겉표지 안의 개관부분과 목차를 읽어 보기도 하고, 그 영역에 관한 책들 중 가장 인기있는 책이 어느 것인지 서점에서 일하는 분에게 물어보라. 주님께서는 오늘날 그리스도인의 생활의 여러 영역에 관한 다양한 종류의 서적들을 주셨으므로, 우리는 그 축복을 누려 그것을 활용하는 것이 당연하다.

참고 도서

- Bright, Bill. 쉽게 전수할 수 있는 신앙 개념 (Transferable Concepts Series). San Bernardino, California : Campus Crusade for Christ, 1971. 한글판, 순출판사, 1986.

- Chambers, Oswald. 주의 지고하심을 위한 나의 최고 노력(*My Utmost for His Hightest*). New York : Dodd, Mead and Company, 1935.

- Cowan, Charles E. 사막의 생수(*Streams in the Desert*). Grand Rapids : Zondervan Publishing House, 1965. 한글판, 보이스사, 1976.

- Murry, Andrew. 하나님의 최대 비밀(*God's Best Secrets*). Grand Rapids : Zondervan Publishing House, 1957.

- Schaeffer, Francis 그러면 우리는 어떻게 살 것인가? (*How Should We Then Live ?*) Old Tappan, New Jersey : Fleming H. Revell Co., 1976. 한글판, 생명의 말씀사, 1984.

- Smith, Hannah W. 그리스도인의 행복한 삶의 비밀(*The Christian's Secret of a Happy Life*). Old Tappan, New Jersey : Fleming H. Revell Co., 1968.

- Tozer, A. W. 하나님을 바로 알자(*Knowledge of the Holy*). New York : Harper & Row, Publishers, Inc., 1961. 한글판, 생명의 말씀사, 1983.

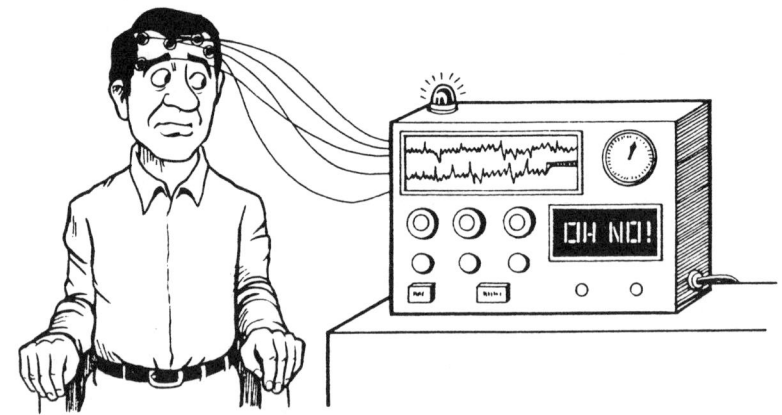

제 12 장
삶의 정신적 영역

　삶 속에서의 정신적 영역은 매우 중요하다. 잠언 23장 7절 말씀은 그 사람이 생각하는 바가 곧 그 사람이 어떤 사람인가를 나타낸다고 가르치고 있다. 우리들 마음 속에서의 우리는 주위 사람들에게 비쳐진 내가 아닌 진정한 자기 자신의 모습으로 나타나게 된다.
　하나님께서 원하시는 사람으로 변화된다는 것은 이러한 마음의 심리 과정을 통해서 온다. 로마서 12장 2절에서는 '너희는 이 세대를 본받지 말고 오직 마음을 새롭게 함으로 변화를 받아 하나님의 선하시고 기뻐하시고 온전하신 뜻이 무엇인지 분별하도록 하라'고 말씀하시고 에베소서 4장 23, 24절에서는 '오직 심령으로 새롭게 되어 하나님을 따라 의와 진리와 거룩함으로 지으심을 받은 새 사람을 입으라'고 말씀하신다.
　우리들의 마음을 하나님의 지식과 지혜로 채우게 되면 엄청난 축복이 있게 된다. 잠언 3장 13~26절에서는 이러한 축복이 금은보다 나으며 다른 축복들, 곧 장수와 부와 명예와 평강과 행복과 안전 그리고 어떤 어려움에서도 보호함 등을 포함한 것이라고 말씀하고 있다.
　베드로후서 1장 5~8절에 보면, 지식이란 그리스도와의 성숙된 관계로 이끄는 연속적인 단계 중의 하나라는 것을 알 수 있다. 이 지식을 상실한 마음에게 주어지는 '보상'은 다음과 같이 비교된다.

'또한 저희가 마음에 하나님 두기를 싫어하매 하나님께서 저희를 그 상실한 마음대로 내어 버려두사 합당치 못한 일을 하게 하셨으니 곧 모든 불의, 추악, 탐욕, 악의가 가득한 자요 시기, 살인, 분쟁, 사기, 악독이 가득한 자요 수군수군하는 자요 비방하는 자요 하나님의 미워하시는 자요 능욕하는 자요 교만한 자요 자랑하는 자요 악을 도모하는 자요 부모를 거역하는 자요 우매한 자요 배약하는 자요 무정한 자요 무자비한 자라(로마서 1 : 28~31)'

다행스럽게도, 우리가 하나님과 함께 동행할 때에는 진리에 대한 지식에 접근할 수 있다. 사실상 요한복음 14장 6절에서 우리는 진리의 구체적인 실현이신 예수님을 발견하게 된다. 그러면 이와 관련된 성구를 살펴보자. '여호와를 경외하는 것이 지식의 근본이어늘…(잠언 1 : 7)' 그리고 '여호와의 율법은 완전하여 영혼을 소성케 하고 여호와의 증거는 확실하여 우둔한 자로 지혜롭게 하며 여호와의 교훈은 정직하여 마음을 기쁘게 하고 여호와의 계명은 순결하여 눈을 밝게 하도다(시편 19 : 7,8)'

이와 같은 놀라운 약속들을 통해 정신적인 생활 영역에서 보다 훌륭한 청지기가 되는 법과 하나님의 풍성한 축복을 최대한 누리는 법을 우리는 도전 가운데서 배우게 된다.

정신적 기능과 하나님의 인도하심

이제 우리가 어떻게 우리 마음의 보다 훌륭한 청지기가 될 수 있을까에 관해서만 생각해 보기로 하자. 아마도 가장 좋은 접근 방법은 마음의 갖가지 기능들을 조심스럽게 살펴보는 일일 것이다. 우리가 이 기능들이 어떻게 작용하는지를 이해하게 될 때, 정신적으로 개선할 수 있는 준비를 갖추게 된다. 정신적인 기능을 보다 간단하게 고찰하면 수용(Receiving), 사고 진행(Processing), 전달(Sending)과 같이 세 가지 기능을 갖고 있다고 볼 수 있다. '수용'은 보고 듣고 만지는 것 등을 포함하고, '사고 진행'은 해석하고 기억을 저장하며 결정하는 것 등을 포함하며, '전달'은 말하고 글을 쓰고 몸짓을 하는 것 등을 포함한다.

하나님의 축복을 체험하기 위해서 우리는 그 분께서 각각의 기능마다 함께 하여 주시고 인도하여 주실 것을 받아들일 필요가 있다. 예를 들어 우리의 수용은 하나님의 말씀과 다른 여러가지 교훈적인 지식들로 충족되어져야 하는 것이다. 같은 증거로써 우리는 우리가 지은 죄로 인하여 생긴 것들을 수용하는 일은 피해야만 한다.

우리가 마음 속에 들어온 어떤 내용의 지식을 생각할 때에 어떻게 그것을 하나님의 말씀과 연관시킬 것인가를 생각하고, 그것을 적절하게 해석하도록 하나님의 지혜를 구해야 할 것이다.

우리들의 기억에 대해서는, 하나님께 영광을 돌릴 수 있는 내용들만을 담을 수 있도록 선택해야 한다.

우리가 말하거나 행동하기 전에 우리의 생각이 성경의 내용과 일치하는지 확신해야 한다. 즉 우리가 말하거나 행동하는 모든 일들은 하나님의 영광을 위한 것이여야 하며 주위 사람들에게 교훈이 되는 것이여야 한다는 것이다.

잠시 멈추어, 하나님께서 당신의 삶 속에 있는 정신적인 영역의 모든 면을 주관하고 계신지 스스로에게 물어 보라. 그렇지 않다면, 그리고 그렇게 되기 원한다면 하나님께서 당신의 마음을 인도해 주시도록 기도로 요청하라.

수용의 정신적인 기능

이제 정보를 수용하는 정신적인 기능에 관해 고찰해 보자. 시작할 때에 특별히 자신에게 적용되는 문제들을 찾아보며 기록할 수 있도록 하라.

우리가 수용하는 정보의 대부분은 우리의 기본적인 오관(五官), 곧 보고 듣고 만지고 맛보고 냄새 맡음을 통하여 얻게 된다. 우리는 또한 하나님께서 주시는 영감을 가지고 있다.

우리는 우리의 영적 감지력을 더욱 계발해 나가기 위해서 우리의 삶 속에서 말씀하시는 하나님께 계속적으로 민감해야 한다. 나는 성령님께 더욱 민감해 지기 위하여 하나님께 기도하는 것부터 시작할 것을 제안한다.

또한 가능하다면 오관을 발달시키도록 노력해야 한다. 예를 들어 당신에게는 안경이 필요할 수 있다. 좋은 시력은 정보를 받아들이기 위해 너무도 중요하기 때문에 불완전한 채로 놓아 둘 수는 없다.

또 다른 개선 방법으로 우리는 보다 정확하고 빠르게 읽는 방법을 배워야 할 것이다. 우리는 1분에 적어도 1,000단어를 읽을 수 있어야 하는데 이에 관한 책이나 훈련 과정을 통해 우리는 이를 해낼 수 있다.

관찰에 대한 배움

우리들 대부분은 관찰력을 강화시킴으로써 유익을 얻을 수가 있다. 우리는 일상 생활 중에 오관을 통해 얻을 수 있는 것에서 상당한 부분을 거부하는 경향이 있다. 물론 우리가 받아들인 모든 정보를 다 사용할 수는 없기 때문에 일부 거절하는 것은 어쩔 수 없다. 그러나 신중하고 선택적인 관찰은 어떤 지식이든지 매우 유용하게 만든다.

우리가 관찰력의 강화로 유익을 얻을 수 있는 분야는 연구 분야에서이다. 우리가 성경을 통해 일반적인 생각들을 얻는다 해도, 우리들 중 대다수는 공부하는 방법에 있어서의 문제로 인하여 많은 부분들을 놓치게 된다. 우리는 명확한 어휘의 선택이나 문법, 문맥 등을 관찰하는 일에 훈련되어 있지 않다.

우리의 관찰력이 부족한 또 다른 분야는 다른 사람들과의 대화에서 나타난다. 그래서 이로 인하여 우리는 다른 사람들이 말하려고 한

원래의 의도를 놓치곤 한다. 상대방의 원래 의도를 알기 위해서는 일반적으로 그 사람의 마음 상태를 나타내는 언어[말]보다는 그 사람의 음성이나 억양, 표현 방식, 선택 어휘, 말의 속도 등 미세한 것을 관찰해야 할 경우가 많다.

말로 표현되지 않은 미세한 마음의 뜻을 관찰하지 못한 예로써 젊은 여성에게 구혼을 청한 어느 친구의 이야기가 있다. 그녀는 구혼을 받자 한참 망설이다가 "글쎄요."라고 대답하고는 다시 한참있다가 근심스러운 표정을 지으며 아주 나지막한 목소리로 "네…"라고 대답했다. 그러나 내 친구는 그 대답을 곧 승낙으로 생각하고는 결혼 계획을 세우기 시작했으며 다른 사람들에게 자랑하였다. 그러나 몇 주만에 그 여자는 약혼을 파기하고 말았다. 왜냐하면 당신도 느꼈듯이 그녀는 그와의 결혼에 대해 전적으로 동의한 것이 아니었다. 나중에 그 사람들은 결국 결혼함으로써 행복한 결말을 얻었지만 그가 처음에 가졌던 흥분과 기대감으로 인하여 관찰력이 약해지지만 않았어도 자신과 그의 신부가 당황하지는 않았을 것이다.

세 가지 주요한 태도를 유지하는 것

당신이 관찰력을 계발시키려 한다면 세 가지 기본적인 태도, 곧 호기심과 용의 주도함과 인지함을 늘 유지할 수 있도록 노력해야 한다. 먼저, 호기심이라는 것은 어떤 문제에 대하여 끊임없이 질문이 생기는 일과 관계가 있다. 이 말에 앞서서 미리 말해두고 싶은 것이 있는데, 그것은 당신이 어떠한 방향도 없는 상태에서 이것저것 '참견하기 좋아하는' 사람이 되는 것을 의미하는 말이 아니라는 사실이다. 성경에서도 다른 사람들의 사생활에 대한 지나친 흥미와 뒷공론은 옳지 못함을 지적하고 있다. 그러나 내가 이야기하고자 하는 것은 당신에게 일상적인 것이 아닌 일이 우연히 발견될 때, 의문을 제기하라는 것이다. 예로써, 언제인가 여행 중에 나와 내 아내는 언덕을 지나게 되었는데 그 언덕에는 바위들이 이상한 모양으로 있었고 식물들은 전혀 보이지 않았다. 우리는 그런 현상이 어떻게 생기게 되었는지 깨닫기 위해 많은 시간을 소비하였다.

어떤 사람이 당신에게 새로운 개념을 설명해 줄 때 처음 설명을 들은 상태에서 그치지 말라. 보다 깊이 조사를 하고, 설명되어진 것에 대해서는 좀더 배울 것은 없는지 찾아보라. 이것을 실천함으로써 얻어지는 부수적인 유익은 당신에게 설명을 해 준 사람에 대해 진지한 관심을 표현하게 된다는 것이다. 기본적인 유익은 당신의 지식이 증가한다는 것이다. 최고의 지식이 증가한다는 것이다. 최고의 능력을 늘 발휘하려면 훌륭한 기자로서의 특성을 지녀야 한다. 늘 용의 주도하며 끊임 없이 언제, 어디서, 어떻게, 무엇을, 왜, 누가라고 묻는 것이다.

두번째 용의 주도함은 우리 주위에서 일어나는 일에 대해 '주파수를 맞추는 것'을 뜻한다. 나는 대부분의 사람들이 수면 상태 또는 혼수 상태와 같이 결코 '주파수를 맞추지 않은' 상태로 삶을 보내고 있다고 생각한다. '무관심' 하다는 것은 '자극을 받거나' '흥미를 가진 것' 과는 반대되는 의미로써 많은 사람들에게 설명된다.

나는 나의 개인 생활에서 이런 상태가 일어나지 않도록 하기 위하여 서서 일하는 책상에서 일하기를 좋아한다. 이렇게 하는 것에 대하여 사람들이 물으면 나는 서 있는 상태로는 잠들 수 없기 때문이라고 간단히 대답한다. 인생은 너무 짧기 때문에 점심 식사 후에도 해야 할 일들이 너무도 많아 졸리운 상태로 오후 시간을 보낼 수는 없다. 그래서 나는 정신을 차리기 위해 사무실 안에서 서 있거나 걸으면서 일을 하곤 하는 것이다.

이를 강조하기 위해 나는 오후 회의 중에 가끔 주변을 돌아보고는 몇몇 사람이 정신을 차리지 않고 있으면 아주 **빠른** 속도로 말을 할 수가 있다.

세번째 인지함은 각 분야로부터 정보를 얻는 것을 뜻한다. 이 세상은 그리 단순하지 않기 때문에 지식의 한 이론 체계에 대해서만 이해할 수가 있다. 어떤 사람이 물리학 박사 학위를 가지고 있다 하여 그가 자신의 지식에 또 다른 지식을 더하려고 노력하지 않는다면 주변에서 일어나는 일에 대해 철저히 무지할 수도 있는 것이다. 매일 매일 신문과 방송을 읽고 듣는 것을 습관화 하라. 가끔은 잡지나 책을 통하여 당신에게 전혀 새롭고 이질적인 주제를 훑어보는 기회도 가져라. 가끔 새로운 활동에 참여해 보라. 이러한 모든 일들은 당신의 의사 결정을 분명하고도 바르게 판단하도록 도와 줄 뿐 아니라 다른 사람들과의 관계를 유익하게 해주는 폭넓은 정보 자료를 제공해 준다.

나는 빅텐 연맹 축구팀의 유명한 코치가 한 학생을 스카웃하려고 그의 집에 찾아갔던 일에 관한 기사를 읽은 적이 있다. 그 학생의 부모에게 인상적이었던 것은 그 코치가 대학 축구라고 하는 한 분야에만 사고(思考)가 한정되어 있는 것이 아니라 각 분야에 걸쳐 대단히 폭넓은 관심과 지식을 갖고 있다는 것이었다. 그 학생의 부모는 그 코치를 통해 자기 아들이 운동 선수가 된다면, 뛰어난 운동 선수가 되는 것 외에도 다방면으로 부족함이 없는 사람으로 성장할 수 있음을 믿게 되었다.

바울은 고린도전서 9장 19~23절을 통해서 하나님께서 주신 사명을 감당키 위해 '여러 사람에게 여러 모양이 된다'고 말하고 있다. 바울은 보다 많은 지식을 가져야 하는 중요성을 알고 있었는데 이는 그 자신의 관심 때문이 아니었던 것을 생각할 때 우리도 또한 바울과 같아야 함을 깨닫게 된다.

당신은 정보를 얼마나 잘 수용하는가? 만약 보다 잘 수용할 수 있는 방법이 있다면 나중의 필요를 위해서도 기록해 두라.

사고 진행의 정신적 기능

다른 정신적 기능보다 이 기능에 대해 보다 많은 이야기가 논의될 수 있으나 공간이 허락되지 않는다. 그러므로 매일매일 경험해야 하는 사고 진행 과정에 대해 당신의 주의를 환기시키도록 이 기능에 대한 당신의 생각을 자극하는 데에만 그치겠다. 그리고 이러한 진행 과정이 수행된다면 당신의 마음 속에서도 마찬가지로 진행할 수 있도록 결심할 수 있다.

기억

만약 어떤 정보가 어느 하나의 감각을 통해 포착되면 이 정보에 대해 즉각적으로 어떻게 반응할 것인가를 선택하게 된다. 즉 그에 대한 행동으로 반응하거나 기억해 두거나 또는 흘려 버리게 된다.

기억력에 대해 이야기를 해보자. 당신의 기억 은행에 저장된 것은 보통 일정한 사고의 진행을 수반하게 된다. 언제나 나 스스로 당황하는 것은 어떤 사람이 자기 이름을 내게 말해 주었을 때, 그 즉시 까맣게 잊어버리는 것이다. 사실상 내가 그 이름을 듣자 마자 수초 동안 몇 번 반복해 보지 않으면 나는 그것을 전혀 기억해 낼 수 없다는 것을 알게 되었다.

기억력에 관한 책들을 통하여 찾을 수 있는 가장 일반적인 도움 방법은 다음과 같다. 곧, 이미 잘 알고 있는 사실과 새로운 정보를 결합시킨다. 새로운 사실을 형성화하기 위하여 이미지를 과장시키거나 변형시킨다. 마음 속에 모습을 그려본다. 이러한 모든 기술은 마음 속에서 지워지지 않고 생생한 모습으로 그려 볼 수 있도록 도울 것이다.

망각

기억하는 것을 배우는 것과 똑같이 중요하거나 아니면 그보다 더 중요할 수도 있는 것은, 잊어버리는 것을 배우는 것이다. 물론 우리는 자연스럽게 여러 일들을 잊어버릴 수 있으나 불행하게도 우리는 이 과정에서 선택 능력이 매우 부족하다. 우리가 기억해 두어야 하는 일들을 잊어버린다거나 아니면 잊어버리면 좋은 일을 기억하곤 하는 것은 매우 흔한 일이다.

내가 최근 수년간 연구해 온 정신적 기능 분야에서 다른 무엇보다도 내게 도움을 준 것은 내게 필요치 않은 것을 잊어버릴 수 있는 바로 이 특별한 방법이었다. 나는 하루에도 일곱, 여덟번씩 각종 모임을 주최하거나 참석해야 하는 직책을 가지고 있다. 바로 그 다음에 있을 모임에 초점을 맞추기 위해서는 바로 전 모임에서 논의되었던 내용들은 마음 속에 남겨 두지 않아야만 했다. 이러한 문제를 해결하면서 나의 현 직책을 잘 감당할 수 있었던 유일한 방법은, 꼭 알아두어야 할 사항이나 조치는 모임이 끝나기 전에 낱낱이 기록해 두는 것이었다. 하루 동안 보고 들은 모든 각종 사항들을 기록에 남겨 두기 위해 기억력에 의존하기 보다는 메모를 하는 방법에 의존함으로써 나의 마음은 자유로와져, 현재 토의되고 있는 어떤 내용에도 초점을 맞출 수 있고 일하고 있는 어떤 주제에도 집중할 수 있게 되었다.

기억을 하지 않는 과정은 기억을 하는 과정과 정반대이다. 그러므로 잊어버리기 위해서는 반복하지 않고 결합하지 않고 과장하지 않아야 한다.

해석

한 편의 정보가 우리의 뇌에 들어가는 그 순간에 우리는 그것을 해석하고자 한다. 즉 그 해석에 따라 하나의 견해를 형성한다. 우리가 이것을 어떻게 해석하느냐 하는 것은 부분적으로 우리의 과거 경험들의 질과 양에 달려 있다. 우리의 과거 경험이 더욱 다양화되고 발달될수록 그 경험에 근거하여 유사한 종류의 지식에 대해서나 새로운 자료에 대한 해석이 더욱 가속화 될 것이다. 또한 결론에 이르게 되는 데에도 상식은 중요한 역할을 한다.

이 해석 과정을 좀더 잘 이해하기 위하여 성경 구절에 잠시 적용을 해 보자. 우리가 알아보고자 하는 바를 잘 설명해 주는 예는 마태복음 5장 13절 말씀이다. '너희는(그리스도인들) 세상의 소금이다'

예수님께서 우리를 반투명한 작은 무기질 입자라고 말씀하신 것이 아님을 안다면 그 분의 말씀이 비유적으로 해석되어야 할 것으로 가정해야 한다. 이 구절 바로 앞에 나오는 산상수훈의 맥락 속에서 나는 '소금'에 대한 좀더 논리적인 해석이 그리스도인으로서의 우리들의 특성을 상징한 것이라고 생각한다. 우리들의 삶은 믿지 않는 이들의 생활에서 찾아볼 수 없는 거룩함을 담고 있다.

이것이 어떻게 그러한 해석이 될 수 있는지 알아보기 위해서 우리는 소금 자체의 특질을 살펴 볼 필요가 있다. 첫째는 음식의 맛을 결정하는 능력이 있다. 마찬가지로 그리스도인으로서의 우리는 세상에서 맛을 내는 능력이 있는데, 이는 곧 하나님을 위해서나 사람들을 위하여 세상을 좀더 유쾌하게 만든다는 것이다. 또한 소금은 사람들로 하여금 목말라 하도록 만든다. 마찬가지로 크리스찬으로서의 우리는 사람들로 하여금 영생수, 곧 하나님을 향해 목말라 하도록 만들어야 한다. 소금은 길을 깨끗이 하는데 사용되기도 한다는 사실을 문장 자체 안에서 암시하고 있다.

그 외에도 많은 비유들을 여기에 끌어들일 수 있다. 내가 바라는 것은, 당신이 소금의 특질과 더욱 유사해 질수록 당신이 발견할 수 있는 유사점은 더욱 많게 되는 것이다. 다시 말하면 당신의 과거 경험이 더욱 다양화 되고 발전될수록 새로운 자료를 해석할 수 있는 당신의 능력은 더욱 숙련될 것이다.

적용

우리 자신의 여건들을 새롭게 메워 나가기 위해 관련된 여러 사항들을 적용하라. 어떤 이들은 이것을 너무 많이 하고 있고 어떤 이들은

너무 하지 않고 있다. 예를 들어, 어떤 이들은 그들이 그렇게 민감하지
않아도 될 때에 그들이 개별적으로 듣는 모든 것을 받아들인다. 반면에
어떤 이들은 가장 확실하게 필요한 교훈을 적용조차 하지 않는다.

그러므로 좋은 적용이란 개별적으로 적용할 만한 가치가 있는 모든
새로운 지식을 선택하는 좋은 판단력으로써 시작되는 것이며, 그 새
로운 생각을 보완해 나가는 방법을 계속해 나가도록 고무시킨다.

개념화

개념화는 지식을 수용하는 것과 기억 속의 사실들과 그것을 비교해
보는 것, 그리고 이 모든 사실들간에 어떤 규칙과 상호 관계를 파악하는
것을 포함한다. 이러한 과정은 무작위로 수용하는 지식보다는 어떤
사실을 간결하고 체계적으로 정리하는 데에 유용함은 재론의 여지가
없다.

개념화와 상관화에 대한 당신의 기술을 시험해 보기 위한 가장 좋은
방법은, 어떤 사람과 당신이 잠시 동안 이야기를 나눈 바로 후에 그
사람이 다음에는 무엇을 이야기할 것인지를 예상해 보는 것이며, 또는
당신이 잠시 동안 책을 읽은 후에 다음의 생각은 어떤 것인지 결정해
보는 것이다. 실제로 당신이 규칙들을 깨닫기에 익숙하다면 당신은
이 일에 매우 숙련된 것이다.

계획

계획은 매시간마다의 한 부분은 아닐지라도 매일매일의 일부가 되는
정신적 기능이다. 우리가 대부분의 활동들을 시작할 때에 우리는 당
연히 미래의 시간을 생각하게 된다. 우리가 이미 앞 장에서 계획을
세우는 방법에 대해 살펴보았기 때문에 여기서는 이 과정을 상세히
서술하지 않기로 한다.

의사 결정과 문제 해결

　의사 결정(Decision-making)과 문제 해결(Problem-solving)은 아침부터 저녁까지 우리의 삶 가운데 매일매일 겪어야 하는 일이다. 옷을 입는 행위를 예로 들어 보자. 어떤 사람이 아침에 옷장 앞에 서면 아마도 그는 오늘은 어떤 셔츠를 입을 것인가를 먼저 결정할 것이다. 이것은 여러가지 대안들 중에 하나를 선택한다는 것을 의미한다. 다음에, 그는 선택한 셔츠와 맞추어 어떤 바지를 입을지를 결정한다. 그리고 나서 넥타이를 맬 것인지 결정하고 만일 맬 다면 어떤 넥타이가 가장 잘 어울릴 것인지를 결정할 것이다. 그런데 만일 이 중 어느 하나가 깨끗하지 않다면 아마도 그는 모든 과정을 다시 시작해야만 할지도 모른다.

　나는 '문제'라는 단어가 내가 들은 단어 중 가장 평범한 단어의 하나라는 것을 발견했다. 사람들은 종종 자기들의 어떤 상황에 대해 "이것이 가지고 있는 문제는…"이라든지, "나의 문제는…" 등의 말로 표현하곤 한다.

　불행하게도 대부분의 사람들은 어떻게 의사 결정을 해야 할지, 혹은 어떻게 문제를 해결해야 할지에 대해 그렇게 많이 배우지를 못했다. 그래서 비교적 덜 중요한 문제에 대해서는 수용할 수 있을지 모르나 보다 심각한 문제들에 대해서는 그렇지 못할 것이다. 의사 결정과 문제 해결은 모두 우리가 충분히 습득할 수 있는 기술들이다.

명상

　명상이란 우리의 마음 속에 어떤 생각들이 자리잡도록 하거나 오래 생각하도록 함으로써 그것들이 정말로 우리의 기억 속에나 매일의 생활 속에 스며들도록 하는 것을 의미한다. 오늘날 그리스도인들은 동양 종교 옹호자들에 의하여 이러한 주제에 대한 잘못된 정보로 노출되었다. 그러나 성경은 우리들에게 올바른 것에 대하여 명상할 것을 권유하고 있다.

'종말로 형제들아 무엇에든지 참되며 무엇에든지 경건하며 무엇에든지 옳으며 무엇에든지 정결하며 무엇에든지 사랑할 만하며 무엇에든지 칭찬할 만하며 무슨 덕이 있든지 무슨 기림이 있든지 이것들을 생각하라(빌립보서 4:8)'

'복있는 사람은 악인의 꾀를 쫓지 아니하며 죄인의 길에 서지 아니하며 오만한 자의 자리에 앉지 아니하고 오직 여호와의 율법을 즐거워하여 그 율법을 주야로 묵상하는 자로다(시편 1:1,2)'

기도

모든 정신적인 과정 중 가장 중요한 것은 아마도 우리의 기도 생활일 것이다. 성령은 우리에게 모든 일에 대하여 기도하도록 권한다. 빌립보서 4장 6,7절은 우리에게 '아무 것도 염려하지 말고 오직 모든 일에 기도와 간구로 너희 구할 것을 감사함으로 하나님께 아뢰라 그리하면 모든 지각에 뛰어난 하나님의 평강이 그리스도 예수 안에서 너희 마음과 생각을 지키시리라'고 말씀하고 있다.

데살로니가전서 5장 17절에서 우리는 '쉬지 말고 기도하라'는 말씀을 듣는다. 나는 사람의 마음이 어떻게 작용하는가를 깨닫기까지는 사람이 어떻게 쉬지 않고 기도하는 것이 가능한 일인가에 의문을 가졌었다. 우리의 마음은 다른 어떤 일에 한 눈을 팔게 되기까지는 오랫동안 전심으로 어느 한 가지 일에 집중할 수 있다. 덧붙여 말하자면, 우리의 오관을 자극하는 대부분의 사물에 대해서 우리는 어떤 방법으로든 반응하려는 경향이 있다. 쉬지 않고 기도하는 일의 비밀은 우리가 사고하는 매순간마다 의식적으로 하나님을 생각하는 것을 포함한다. 우리의 마음이 어떤 일에 끌리기 시작할 때나 어떤 자극에 반응하게 될 때에 우리는 하나님께 지혜와 능력을 구하거나, 감사를 드리거나, 주 안에서 기뻐하는 등, 어떤 방법을 통해서든지 하나님과 대화할 수 있는 짧은 순간들을 가질 수 있다.

우리의 사고 진행 기능 중 이러한 특별한 것들은 보다 중요한 것 중에 일부분일 뿐이다. 하지만 이러한 것들과 실생활 가운데 그 기술을 발전시킬 수 있는 방법을 고려해 봄으로써 당신에게 특별히 유용하게 쓰일 만한 몇 가지 사항들을 생각할 수 있도록 자극이 되기를 바란다. 다음 부분에 넘어가기 전에 이 점을 주목하기 바란다.

전달의 정신적 기능

우리의 마음은 정보를 전달하는 능력을 가지고 있다. 그 중의 일부는 내적으로 걷거나 앉는 것 등을 돕도록 사용된다. 또 다른 일부는 다른 사람들과 교제하는데 쓰이기도 한다.

우리가 보내는 의사 표현은 매우 미세하며 의식적으로 되어지는 것은 아니다. 가령 눈썹을 올리는 것은 어떤 사람의 말이나 행동에 대한 의문을 나타낸다. 그러한 신호를 관찰하는 것을 배우는 것이 가능한 것처럼 그러한 신호를 적절히 표현하는 것을 배우는 것도 가능하다.

우리가 표현하고자 하는 대부분은 보다 분명하고 의식적인 것이다. 우리의 생각을 전달하기 위해 우리는 주로 말을 하거나 글을 쓴다. 이 두 가지 방법으로 우리는 큰 도움을 얻을 수 있다. 예를 들어 데일 카네기(Dale Carnegie) 과정은 대중 앞에서 말하는 법을 배우는 가장 전통적이고 신뢰받는 방법이다. 사람들을 감동시키는 법과 명확히 글로 표현하는 방법 등에 관한 다른 많은 자료들이 있다. 당신이 공적으로, 혹은 사적으로 말하고 글을 쓸 때에 보다 숙련된 방법을 알고자 하는 특별한 필요를 느끼면 이러한 도움을 받도록 해보라.

이에 도움이 될 몇 가지 일반적인 제언을 해 준다면, 첫째로 사람들을 특별히 사랑할 수 있는 마음을 주시도록 하나님께 간구해 보라. '새 계명을 너희에게 주노니 서로 사랑하라 내가 너희를 사랑한 것 같이 너희도 서로 사랑하라…이로써 모든 사람이 너희가 내 제자인 줄 알리라(요한복음 13 : 34, 35)' 예수님은 우리에게 적어도 어느 정도까지는 남들을 사랑하도록 명령하셨는데, 내가 확신하기로는 사람들이 그 사랑을 경험할 수 있고 그 결과로써 더욱 긍정적으로 반응할 수 있다는 것이다. 비록 당신이 어떤 사람에게 불유쾌한 어떤 것을 말해야 할 경우에라도 당신이 그를 사랑하고 있고 또한 그에게 최선을 다하고 있음을 그가 알게 된다면 그 불유쾌한 일을 좋게 받아들일 수 있을 것이다.

둘째로, 당신의 대화 내용이 성경의 기준을 충실히 준수하고 있음을 확신하라. 성경은 우리에게 무엇에 대하여, 어떻게 이야기할 것인지를 가르쳐 준다. 예를 들어 잠언 15장에서 우리는 부드러운 혀와 지혜로 분냄이 없이 시의 적절하게 즐거움과 순수한 언어로 또한 사려 깊게 대화를 해야 한다는 것을 찾아볼 수 있다.

세째로, 다음 사항들은 말할 때와 글을 쓸 때의 소재들을 준비하는 데에 내게 많은 도움을 준 것들이다.

1. 지혜를 구하는 기도
2. 당신의 대화 목표를 설립한다. 곧, 당신이 대화하고 싶은 것이 무엇인지를 정한다.
3. 당신의 의사 발표를 수용하게 될 청중의 특성을 결정한다.
4. 당신의 메시지 개요나 연관된 생각들을 청중들에게 조심스럽게 제안한다.
5. 당신의 메시지의 개요에 맞추어 특별한 설명이나, 당신의 의사 전달을 돕게 될 다른 사실들을 찾아서 채워 넣는다.
6. 당신이 전달하고자 했던 것이 시작하는 시간에서 끝나는 시간까지의 과정에서 분명히 전달되었는지 확인한다.

7. 당신이 의도했던 것을 전달할 때에 성공적이었는지의 평가 방법을 계획한다.

결어

요약하면, 우리는 삶에 있어서의 정신적인 영역의 중요성과 그 영역에 대한 하나님의 지배하심에 대해 논의해 왔다. 그리고 수용과 사고 진행과 전달 등의 정신적 기능을 개선시킬 수 있는 여러 방법들을 고찰해 보았다. 나는 만일 우리의 마음이 그 기능을 잘하고 있다면 우리의 삶에 큰 유익을 가져 올 것이라고 확신한다.

아마도 당신은 이 장을 읽으면서, 당신의 삶의 정신적 영역에 있어서 감각이란 하나의 필요라는 사실을 발견했을 것이다. 이 장을 마치기 전에 이 점을 확실히 하라.

참고 도서

- Adler, Mortimer J. and Van Doren, Charles. 책을 읽는 방법(*How to Read a Book*). New York : Simon and Schuster, Inc., 1972.

- Dale Carnegie Public Speaking Course. Carnegie institution of Washington, Academic Press Inc., 111 Fifth Avenue, New York, New York 10003.

- Hendricks, Howard G. "Communication," a cassette tape series. Here's Life Publishers, Campus Crusade for Christ, San Bernardino, California 92414.

- Johnson, Ben E. 목적을 가지고 빨리 읽어라(*Rapid Reading with a Purpose*). Glendale, California : Regal Books Division, G/L Publications, 1973.

- Kepner, Carles H. and Tregoe, B. B. 합리적 사고의 관리인 (*Rational Manager : A Systematic Approach to Problem Solving and Decision Making*). New York : McGraw-Hill Book Co., 1965.

- Lucas, Jerry. 말씀을 기억하라(*Remember the Word*). Los Angeles : Acton House, 1975.

- Lucas, Jerry and Lorayne, Harry. 암기용 책(*The Memory Book*). New York : Ballantine Books, 1974.

- Morris, John O. 당신 자신을 정결케 하라! (*Make Yourself Clear!, Morris on Business Communications*) New York : McGraw-Hill Book Co., 1972.

- Richardson, H. Edward. 생각하는 법과 글쓰는 방법(*How to Think and Write*). Glenview, Illinois : Scott, Foresman & Co., 1971.

- Strunk, William S., Jr. and White, E. B. 형식의 요소(*Elements of Style*), 2nd edition. New York : The Macmillan Co., 1972.

- Wald, Oletta. 성경 공부에서 발견하는 기쁨(*Joy of Discovery in Bible Study*), revised edition. Minneapolis : Augsburg Publishing House, 1975.

제 13 장

삶의 육체적 영역

 우리 모두는 하나님이 우리의 영적 성숙에 관심을 가지고 있다는 사실에 동의할 것이라고 생각한다. 그러나 당신은 하나님이 또한 당신 삶의 육체적인 영역, 즉 실제적인 육체에도 관심을 가지고 있다는 것을 알지 못하는가?
 고린도전서 6장 19, 20절에 보면 우리의 몸은 성령의 전(殿)이며 값 주고 산 바 된(그리스도께서 십자가 위에 죽으심) 우리는 이제 몸으로 하나님을 영화롭게 하는 데 나아가야 한다. 로마서 12장 1절에는 우리의 몸을 하나님이 기뻐하시는 거룩한 산 제사로 드리라고 권면하고 있다. 하나님은 우리에게 그가 주신 모든 것에 대해 선한 청지기가 되기를 기대한다는 원칙을 설명하고 있는 마태복음 25장 14~30절의 달란트 비유를 당신은 기억하는가? 이 원칙은 우리의 시간, 달란트 그리고 다른 자원처럼 하나님의 영광을 위해 사용되는 하나님의 선물인 육체에 어떻게 잘 적용되고 있는가?
 이 장에서 나는 우리의 육체 또는 '전(殿)'의 청지기직에 대한 10가지 주요 원칙들을 이야기하고 싶다. 이전에 대학생선교회 간사였던 크라이그 스미드는 이 원칙들의 대부분을 개념화 시켰다. 나는 이 자리에서 그의 귀중한 기여에 감사드리고 싶다.
 당신이 영적, 정신적 삶의 영역을 향상시키기 위해 필요한 것들을 기록해 온 공책을 펼치라. 하나님께서 당신의 삶의 육체적 영역에서 특별히 필요한 사항을 알려 주시도록 기도하라. 그 분이 말씀하실 때 그것들을 당신의 전체 목록에 덧붙이라. 다시 한번 강조하자면, 당신에게 적용되는 모든 상상할 수 있는 아이디어를 다 적어 놓으려고 하지 말라. 단지 가까운 장래에 6~12개월의 목표로써 고려해 보려고 하는 아이디어들만을 기록하라.

원칙1. 하나님은 당신이 건강하기를 원한다는 사실을 믿으라.

우리 모두가 병이 없고 최상의 상태인 몸으로 건강하기를 바라는 것은 당연하다. 나는 개인적으로 하나님은 우리가 건강하기를 바라신다고 믿고 있다. 이것은 분명히 사람이 원죄에 떨어지기 전 우리를 향한 그 분의 원래의 계획 중의 하나였다.

요한삼서 2절에 다음과 같은 기도가 있다. '사랑하는 자여 네 영혼이 잘 됨 같이 네가 범사에 잘 되고 강건하기를 내가 간구하노라' 그리고 요한복음 10장 10절의 하반절에서 그리스도께서는 '내가 온 것은 양으로 생명을 얻게 하고 더 풍성히 얻게 하려는 것이라'고 말씀하셨다. 풍성한 삶이란 우리의 육체적 건강보다 훨씬 더 중요한 정신적, 감정적, 그리고 영적 건강을 포함하는 것으로 여겨지곤 하지만 나는 풍성한 삶은 마찬가지로 우리의 육체적 건강도 포함하는 것으로 해석될 수 있다고 생각한다. 그것이 사실이 아니라면, 지상에서의 그리스도의 사역이 어째서 병든 자의 몸을 고치는 것을 그렇게 강조하며, 그리고 그러한 사실을 영적 건강에 관한 영적 원리에도 똑같이 적용하고 있는가?

육체가 병든 사람의 대부분은 실제적으로 정신질환자, 즉 그들은 마음에 강요를 받거나 최소한 도움이 필요한 약한 마음의 소유자들이라고 현대 의학은 말하고 있다. 그러므로 우리가 병에 걸리게 될 때나 또는 점차 약해 지고 있을지도 모른다고 생각될 때, 그러한 상태에 대한 우리의 정신적 반작용은 그 상황을 극복하는 열쇠가 될지도 모른다. 모든 합리적인 의학적 예방 조치를 취하는 것이 틀린 것은 아니지만 하나님의 기본적 의도는 우리가 건강해야 한다는 것임을 주장하며 건강을 위해 기도하는 것이 옳을 것이다.

물론 우리가 아프게 되면 그것을 반드시 하나님께 대한 신뢰의 부족으로 해석해서는 안된다. 많은 경우에 하나님은 우리가 병 중에 있을 때 어떤 대단히 귀중한 교훈을 가르치신다. 우리가 아프게 되면, 하나님이 우리에게 보여주시는 것은 무엇이든지 그대로 받아들이고 우리의 삶에 적용하는 것이 옳은 자세이다.

원칙2. 그리스도 안에서의 새로운 삶을 즐기라.

갈라디아서 5장 22, 23절에는 여러 가지 성령의 열매를 열거하고 있다. 그 중 처음 네 가지는 사랑, 희락, 화평 그리고 오래 참음이다.

당신의 삶 속에서 언제 그러한 열매들을 풍성하게 경험해 보았는지 돌이켜 생각해 보라. 당신은 아마도 커다란 기쁨 속에서, 또는 당신이 커다란 평강을 경험하고 있었을 때에 육체적으로도 대단히 좋았음을 기억할 수 있을 것이다. 당신이 기쁨 속에 있는 사람에게 컨디션이 어떠냐고 물을 때 그들은 일반적으로 좋다고 말할 것이다.

육체의 건강에 영향을 미치는 평안한 마음이 나타내는 현상을 설명하고 있는 잠언 14장 30절을 생각해 보라. '마음의 화평은 육신의 생명이나 시기는 뼈의 썩음이니라' 그리고 잠언 17장 22절의 '마음의 즐거움은 양약이라도 심령의 근심은 뼈를 마르게 하느니라'는 말씀을 상고해 보라. 맥밀리언 (S.I. MacMillen)박사는 〈이러한 질병 중 어느 것도(None of These Diseases)〉라는 그의 저서에서 오늘날 미국에 퍼져 있는 대부분의 병들의 주요 원인의 하나는 실제적으로 근심이라고 지적하고 있다.

원칙3. 죄를 고백하고 죄에서 돌이키라.

성경은 우리가 죄를 고백하지 아니하고 죄에서 돌이키기를 단호히 거절했을 때에 있어서 불리한 육체적 결과들을 충분히 언급하고 있다.

시편 32편 4절을 보라. '내가 토설치 아니할 때에 종일 신음하므로 내 뼈가 쇠하였도다 주의 손이 주야로 나를 누르시오니 내 진액이 화하여 여름 가물에 마름같이 되었나이다'

또한 시편 38편 3~7절을 보라. '주의 진노로 인하여 내 살에 성한 곳이 없사오며 나의 죄로 인하여 내 뼈에 평안함이 없나이다 내 죄악이 내 머리에 넘쳐서 무거운 짐 같으니 감당할 수 없나이다 내 상처가 썩어 악취가 나오니 나의 우매한 연고로소이다 내가 아프고 심히 구부러졌으며 종일토록 슬픈 중에 다니나이다 내 허리에 열기가 가득하고 내 살에 성한 곳이 없나이다'

고백하지 않은 죄로 인한 육체적 고통의 해결 수단은 단순하게 죄를 고백하고 그에게 돌이키는 것이다. 왜냐하면 '만일 우리가 우리 죄를 자백하면 저는 미쁘시고 의로우사 우리 죄를 사하시며 모든 불의에서 우리를 깨끗케 하실 것이기 때문이다(요한일서 1:9)'. 하나님의 용서하심은 우리를 죄책감으로부터 자유롭게 하고 그것에 의해서 육체적 건강을 신속하게 회복시킨다. 사실, 다윗은 시편 32편 5절에서 이것을 특별히 준행하였다. '내가 이르기를 내 허물을 여호와께 자복하리라 하고 주께 내 죄를 아뢰고 내 죄악을 숨기지 아니하였더니 곧 주께서 내 죄의 악을 사하셨나이다'

원칙4. 성경의 명령에 복종하라.

하나님의 말씀은 병을 물리치는 데에 절대적인 능력이 있다. 출애굽기 15장 26절에 하나님은 이스라엘 백성이 그의 명령을 지키면 이러한 질병의 하나라도 그들에게 내리지 않기로 약속하셨다. 잠언 4장 20~22절을 보라. '내 아들아 내 말에 주의하며 나의 이르는 것에 네 귀를 기울이라 그것을 네 눈에서 떠나게 말며 네 마음 속에 지키라 그것은 얻는 자에게 생명이 되며 그 온 육체의 건강이 됨이니라' 의심할 바 없이 의학은 계속해서 우리가 하나님의 말씀에 순종할 때에 하나님께서 우리에게 건강을 주시곤 한다는 어떤 기술에 대하여 자연 과학적 설명을 발견해 낼 것이다. 나는 당신에게, 성경이 우리에게 지시하는 것에 순종하기를 권면한다.

원칙5. 위험 표시를 주시하라.

자동차는 자주 우리가 볼 수 없는 무엇인가가 제대로 작동하지 않을 때 붉은 경고 표시 등으로 우리에게 알려 온다. 하나님은 우리의 몸도 특별한 주의를 필요로 할 때 우리에게 알려 주도록 훌륭하게 지으셨다. 몸의 특별한 부분에 지속적인 현기증, 멀미, 그리고 고통을 하나님께서 우리의 몸이 우리에게 알리도록 허락하신 위험 표시의 예이다.

가끔 위험 표시가 일어날 때 우리는 아마도 잠재된 원인을 알 수 있을 것이다. 예를 들어 몸에 힘이 빠져 있음을 느끼고 계속해서 잠을 많이 자지 못했다면 우리는 일찍 잠자리에 들도록 노력해야 한다. 우리의 노력이 도움을 주지 못하고 위험 표시가 계속 된다면 우리는 의사와 상담해야 한다. 결국 우리는 자동차의 어느 부분이 제대로 작동하지 않는다면 그것을 정비사에게 가져감으로써 우리의 자동차를 위해서 최소한 똑같은 행동을 하게 될 것이다.

위험 표시가 발생할 때 의사와 상담하는 방법과 아울러, 나는 진심으로 예방 조치로써 규칙적인 신체 검사를 추천하고 싶다. 수년 동안 나는 매년 완전한 건강 진단을 받아 왔다. 의사, 영양사, 그리고 건강 진단과 관련된 다른 사람들에게서 들은 자세한 충고는 의심할 바 없이 나에게는 과거에 많은 문제들을 막아 주었고 그리고 앞으로도 틀림없이 더 많은 문제들, 곧 발전된다면 치료하기가 대단히 어려운 문제들을 막아 줄 것이다. 건강 진단의 이점은, 몸이 문제에 대해 분명한 표시를 하기 훨씬 이전에 초기의 경고 표시를 찾아 낼 수 있다는 것이다.

원칙6. 섭취하는 음식물의 질을 조절하라.

신선한 음식을 먹는 습관은 건강에 직접적으로 유익을 준다. 예를 들어, 이스라엘 사람들이 동물의 기름을 먹지 않도록 경고를 받은 한 가지 이유는, 아마도 이러한 사실 때문일 것이다(레위기 3:17). 다니엘은 기름진 음식보다 채소와 물이 더 낫다고 말하고 있다(다니엘 1:12~15).

우리들 각자는, 자격을 갖춘 영양사들이 우리가 먹는 음식에 대하여 말하는 것에 관해서 기도하며 연구해 볼 필요가 있다. 그리고 나서 우리는 그 충고를 우리의 식사 생활에 적용해야 한다. 아래 사항은 전문가들이 추천하는 것들이다.

1. 기본적인 음식물인 우유와 다른 낙농품, 고기, 과일과 채소, 곡식과 빵들로 균형잡힌 식사를 하라. 사탕과 다른 잘 가공된 스낵 제품은 이러한 균형 잡힌 식사에 빈약한 대체품이다.
2. 정제된 설탕의 섭취를 최대한 줄이고 고기 소비를 조금 줄이라. 대부분의 미국인들은 너무나 많은 설탕과 너무 많은 고기를 소비하고 있기 때문에 최적의 건강 상태를 유지하지 못하고 있다.
3. 많이 변화시킨 것 보다는 하나님이 원래 창조했던 상태에 가까운 음식을 먹으라. 예를 들어, 야채 또는 약간 요리된 채소는 일반적으로 많이 요리되거나 가공된 채소보다 영양적 가치에 있어서 훨씬 낫다.
4. 카페인이나 알콜을 함유한 음료수의 사용을 줄이라. 허브 차, 포스텀(Postum), 그리고 다른 종류의 곡물로 만든 음료수 같이 당신의 건강을 위하여 마실 수 있는 대체 식품이 있다.

원칙7. 섭취하는 음식물의 양을 조절하라.

우리는 먹는 것에 큰 관심을 갖고 있다고 말하곤 한다. 그러나 나는 우리 중에 일부는 다른 사람 보다 더 많이 먹는 것에 관심을 가지고 있다고 덧붙이고 싶다. 빌립보서 3장 19절에서 볼 때 우리는 과식이나 다른 지나친 탐닉은 나쁜 것임을 알 수 있다. 왜냐하면, 그들은 음식이나 그 밖에 땅의 즐거움을 섬기는 신으로 세우기 때문이다. 고린도전서 9장 24~27절에서 우리는 더 중요한 목적을 위해서 육신의 소욕을 통제 아래에 두는 원리들을 본다. 의학은 우리에게 체중이 많이 나가는 것은 여러 질병의 주요 원인이 될 수 있고, 다른 질병을 일으키는 심각한 근원으로 연결될 수 있다고 믿게 하는 많은 이유들을 제시하였다. 그러므로 우리가 자신의 몸에 대해 훌륭한 청지기가 되려면, 우리의 체중을 키와 뼈대에 비례하여 유지할 것을 고려하며 음식을 먹어야 한다.

나는 물을 많이 마심으로써 식욕을 억제할 수 있다는 것을 안다. 그러나 당신에게 식이 요법을 가르칠 것을 목적으로 하는 많은 책, 강의, 심지어 강습소까지 있음으로 나는 여기에서 그러한 주제를 다루지 않을 것이다. 당신이 선택하는 식이 요법이 무엇이든지 성공의 열쇠는 그것에 집중하기 위한 훈련을 위해 하나님을 신뢰하는 것일 것이다.

원칙8. 규칙적으로 운동하라.

디모데전서 4장 8절에서 바울은 육체의 연습은 약간의 유익이 있으나 훨씬 더 우리에게 유익이 있는 다른 것들이 있다고 말한다. 지금 바울은 육체적으로 대단히 활동성이 있고 거의 대부분의 일들이 손으로 이루어지고 있는 사회를 향하여 말하고 있었다. 그러나 미국이라는 사회는 거의 앉아서 일하고 있고, 많은 힘든 일은 기계에 의해 이루어지고 있다. 우리의 몸은 일상 생활 가운데서 보통 일하는 것 보다 훨씬 더 높은 수준의 육체적 활동을 하도록 만들어 졌다. 그러므로 대부분의 미국인들은 일상적인 활동을 운동으로 보충할 필요가 있다.

산보, 수영, 조깅, 자전거 타기 등등 당신의 마음이 끌리는 것은 무엇이든지 선택할 수 있는 운동의 종류는 많이 있다. 그러나 당신이 선택하는 것은 무엇이든지 그것은 반드시 실질적이고 날마다 실행하고자 하는 동기를 부여할 무엇인가가 되게 하라. 가장 자주 그리고 쉽게 할 수 있는 두 가지 운동은 줄넘기와 조깅이다. 2년 전 내가 처음으로 이것들을 규칙적인 운동 프로그램으로 넣은 이후 나는 이전보다 더 민첩하고, 더 체격이 좋아지고, 그리고 나에 대한 여러가지 요구 사항에 더 편안해 진 것을 느끼게 되었다는 사실을 개인적으로 증명할 수 있다.

원칙9. 적당한 휴식과 수면을 취하라.

시편 127편 2절에서 우리는 '너희가 일찌기 일어나고 늦게 누우며 수고의 떡을 먹음이 헛되도다 그러므로 여호와께서 그 사랑하는 자에게 잠을 주시는도다'라는 말씀을 듣는다. 마가복음 6장 30~32절에서 예수님께서는 그의 제자들에게 쉬기 위한 특별한 시간을 가지라고 충고하였다. 당신 자신의 삶의 스타일은 어떠한가? 당신은 '수고의 떡을 먹고' 있는가? 당신은 쉬기 위하여 시간을 따로 떼어 놓을 필요가 있는가?

사람들은 그들이 밤에 필요로 하는 수면의 양을 바꾸는 경향이 있는 것 같다. 그러나 당신에게 필요한 적당한 양이 얼마이든지간에, 당신의 건강은 당신이 수면을 취하기를 요구한다. 일반적으로 말하면, 매일 저녁 같은 시간에 잠을 자고, 매일 아침 같은 시간에 일어나는 것이 더 좋다. 당신의 몸은 그 스케줄에 익숙해 질 것이고, 주어진 시간에 충분한 휴식을 취할 준비가 되어 있을 것이다.

밤의 충분한 수면에 더하여, 낮에는 당신이 일하고 있는 사이사이에서 잠시 휴식을 취하거나 다리를 올려 놓고 잠시 긴장을 풀 수 있는 시간을 갖는 것도 좋다.

원칙10. 당신의 외모를 돌보라.

육체적으로 하나님께서 당신에게 주신 특성 중의 하나는 당신의 외모이다. 당신의 '성령의 전'(고린도전서 6:19)의 외관 역시 중요하다. 잠시 솔로몬 시대에 하나님의 성전을 지었던 세련된 솜씨와 재료의 질과 아름다움을 연구해 보라(열왕기상 5:7).

나는 자신들의 외모를 돌보는 데 게을리하여서 그 결과로 다른 사람들과 함께 잘 일할 수도 있는 그들의 능력이 확신을 얻지 못하고 낮게 평가되어 고통을 받았던 많은 사람을 알고 있다. 예를 들어 어마어마하게 비만한 사람이 있다면 사람들은 난처하기 때문에 그 비만한 사람과 사회적으로 어울리는 것을 자주 꺼려 한다. 이 상태는 잠언 23장 7절에 언급된 원리에 의해 더 악화된다. '대저 그 마음의 생각이 어떠하면 그 위인도 그러하다' 확신이 약간 부족한 것은 훨씬 더 많은 부족을 일으킨다.

어떤 사람이 자신을 하나님의 대리인으로서 적당하다고 확신하지 못한다면 밖에 나가서 적극적으로 하나님의 사역을 하는 일이 매우 어렵다는 사실을 발견할 것이다. 그러므로 당신이 다른 영역에서 노력하는 것과 마찬가지로 당신의 외모면에서도 하나님을 높이고 영화롭게 하도록 노력하라.

결 어

당신이 삶의 육체적 영역을 통하여 하나님께 영광을 돌리기 위해 그 영역을 향상시키고자 노력한다면, 당신은 아마도 이전보다 더 좋아지고 더 좋게 보일 것이다. 그리고 당신은 아마도 더 오래 살 것이다. 1976년 2월 〈리더스 다이제스트〉지 기사에서 블랙 클라크는 백 세 이상 살고 있는 수백 명의 미국인들의 비밀을 밝혀 내는 관찰 기사를 썼다. 이 사람들의 특징은 올바른 식사, 근심으로부터의 자유함, 적당한 수면, 즐거운 성격, 그리고 강한 종교적인 확신 등 우리가 지금까지 이야기해 왔던 바로 그것들이다.

이 장을 마치기 전에 당신이 삶의 육체적 영역을 향상시킬 수 있었던 가장 중요한 방법들을 반드시 기록해 두라.

참고 도서

- Carlson, Dwight L. 뛰어라 그리고 지치지 말라(*Run and Not Be Weary*). Old Tappan, New Jersey : Fleming H. Revell Co., 1974.

- Cavanaugh, Joan. 예수께는 더 많이, 내게는 더 적게(*More of Jesus, Less of Me*). Plainfield, New Jersey : Logos International.

- Cooper, Kenneth H. 새로운 에어로빅(*The New Aerobics*). New York : Bantam Books, 1970.

- Josephson, Elmer A. 건강과 행복에 대한 하나님의 열쇠(*God's Key to Helath and Happiness*). Old Tappan, New Jersey : Fleming H. Revell Co., 1962~1976.

- MacMillen, S. I. 이러한 질병은 전혀 없다(*None of These Diseases*). Old Tappan, New Jersey : Fleming H. Revell Co., 1963.

- Rohrer, Norman and Virginia. 바르게 먹는 방법(*How to Eat Right and Feel Great*). Wheaton : Tyndale House Publishers, 1977.

194 크리스챤의 자기 관리

제 14 장
삶의 사회적 영역

 삶의 사회적 영역이란 우리와 다른 사람들과의 관계에 관한 것으로써, 누가복음 2장 52절에서 보면, 예수님께서도 하나님뿐 아니라 모든 사람들과도 친하게 교제하면서 성장하셨다고 기록되어 있다. 예수님께서는 사회적 존재로서 주위의 여러 사람들과 좋은 유대를 가지셨으며, 우리도 역시 그렇게 되어야 한다. 성경은 우리에게 사람을 대할 때에 어떻게 해야 하는지에 관해 크게 가르침을 주고 있다. 십계명 중의 마지막 6가지 계명이 그 예이다. 즉 부모를 공경하고, 이웃의 생명이나 아내, 물질을 빼앗지 말며, 이웃에 대해 거짓 증거하지 말고, 이웃의 소유를 탐하는 생각조차도 해서는 안된다.
 성경은 또한 우리에게 대인 관계의 방법을 가르쳐 주면서 사람들과의 사귐을 당부하고 있다. '모이기를 폐하는 어떤 사람들의 습관과 같이 하지 말고(히브리서 10:25)', 즉 다시 말해서 다른 그리스도인들과 교제를 가져야 한다는 것이다. 사도 요한은 그러한 교제의 중요성을 알고 있었다. 그는 요한일서 1장 3절에서 '우리가 보고 들은 바를 너희에게도 전함은 너희로 우리와 사귐이 있게 하려 함이니 우리의 사귐은 아버지와 그 아들 예수 그리스도와 함께 함이라'라고 말하고 있다.

선행을 위한 영향

교제의 한 부분으로써 우리는 '서로 돌아보아 사랑과 선행을 격려하며(히브리서 10 : 24)', '매일 피차 권면'하여야 한다(히브리서 3 : 13). 간단히 말해서 우리는 서로서로에게 선행을 하도록 영향을 주어야 한다는 것이다. 또 각각 자기보다 남을 낫게 여겨야 하는데(빌립보서 2 : 3) 이는 성령과 동행함으로써 가능한 것이다.

바울은 빌립보서 2장 1~4절에서 교제는 믿는 자들로 하여금 마음과 사랑, 그리고 뜻을 합하여 한 마음을 품도록 도와 준다고 말하고 있다. 요한일서에서 '교제'라고 사용된 그리이스 어의 원어적인 뜻은 '공통'이다. 즉 그리스도인들의 교제는 '공통'의 유대, 또는 '공통'의 결속을 지녀야 한다는 것이다. 예수님께서는 그의 제자들에게도 그러한 결속을 추구하셔서, '…저희도 다 하나가 되어…'(요한복음 17 : 21)라고 기도하셨다. 하나님을 믿는 자들은 서로 하나로 단합된다고 하는 매우 비범한 메시지에 대해 세상이 주목하게 되리라는 것을 예수님께서는 이미 알고 계셨던 것이다.

악의 영향

우리가 교제를 통하여 선행을 하도록 영향을 줌으로써 주님을 영화롭게 할 수 있지만, 반대로 주님과 동행하지 않는 다른 사람들에게서 악영향을 받을 수도 있다. 그래서 잠언 1장 15절을 보면, '그들(악인)과 함께 길에 다니지 말라 네 말을 금하여 그 길을 밟지 말라'고 우리에게 경고하고 있는 것이다.

시편 1편 1절에서는, 우리가 악인의 꾀를 좇지 아니하고 죄인의 길에 서지 아니하며 오만한 자의 자리에 앉지 아니할 때에 비로소 복을 받을 수 있다고 말한다. 또 고린도전서 5장 9~13절에서, 바울은 고린도 교회에 대해 그리스도인이라 자처하면서도 부도덕적인 생활을 하는 사람들과는 교제하지 말라고 가르치고 있다. 이러한 경고는 친구의 옳지 못한 행동이 우리에게 악영향을 끼쳐 우리의 인생을 망가뜨릴 수도 있다는 사실에 기인한 것이다.

그렇다고 하지만, 선한 사마리아인의 이야기나 그리스도의 생애에 비추어 생각해 볼 때, 우리는 사람들에 대해 함부로 대해서도 안된다는 것을 알 수 있다. 우리는 실로 사람들에게 봉사하는 일에 열심을 갖고 추구하며 사랑을 베풀어야 한다. 위에서 알아 본 성경 말씀에서 경고하는 것은, 단지 주님과 동행하는 우리의 삶에 의롭지 못한 사람을 매우 큰 영향을 끼칠 수 있는 절친한 친구로서 관계를 맺지는 말라는 것이다.

이제 우리가 일반적으로 생활 속에서 경험하게 되는 여러 차원의 관계들에 대해 살펴보고, 각 관계 속에서 주님의 목적을 이루기 위해서는 어떻게 해야 하는가를 생각해 보기로 하자. 우선, 이를 위해 언제나처럼, 주님께 지혜를 구하는 기도를 드리고, 특별히 당신에게 도움이 되는 개념을 찾아 기록해 두도록 하라.

여러 차원의 관계

사회적 관계를 편의상 4가지로, 즉 가족 관계, 절친한 친구 관계, 안면있는 사람 및 보통 친구 관계, 그리고 낯선 사람과의 관계로 생각해 보고자 한다.

우선 자연적으로 이루어지는 가장 가까운 관계는 물론 가족과의 관계이다. 맨 처음으로 관계가 맺어지는 부류는 부모, 형제, 자매간이고, 나중에는 주님께서 보내주시는 인생의 동반자, 그리고 자녀들과 관계를 맺게 된다.

둘째로, 우리들 대부분은 절친한 친구들을 갖게 되는데, 이들은 우리가 특별히 함께 하기를 좋아하며, 따라서 함께 있는 시간이 많아지는 그룹의 사람들이다. 대개 그들의 생활 양식이나 태도는 우리에게 상당한 영향을 주게 되고, 그들 역시 우리에게서 영향을 받는다.

세째로, 조금 덜 가까운 친구들과 안면있는 사람들과의 관계가 있다. 우리는 단지 그들을 알기만 하고 친근히 대하기는 하지만, 깊이 신뢰하지 않는 그룹의 사람들이다. 직장, 교회, 클럽, 이웃 사람들과의 관계가 이에 속한다.

네째로, 우리가 처음 어떤 사람을 만났을 때, 그 사람은 우리에게 있어서 사실상 낯선 사람이다. 이러한 관계에 있는 사람에 대해서 우리는 거의 아는 것이 없는 상태이다.

지금까지 알아 본, 우리에게 밀접한 여러 유형의 관계 속에서 추구해야 할 목표에 대해, 또 우리의 행할 바에 대해 생각해 보기로 하자. 우리의 총체적 목표, 즉 주님을 영화롭게 하기 위하여 인생의 사회적 영역에서 우리는 어떻게 해야 할까?

나는 경험에 의해, 주님께서 각기 개인들에게 요구하시는 사회적 삶의 유형이나 규모에는 넓은 다양성이 있음을 알게 되었다. 가족 관계에 대해서는 성경에서 많은 가르침을 주고 있지만, 외형적으로 우리가 일하며 생활하는 가운데 맺어지게 되는 친구 관계의 범위나 우정의 깊이에 대해서는 매우 큰 다양성을 부여하고 있다. 친구의 수효로 볼 때, 성경에 나오는 인물 중 세례 요한은 매우 적은 편이었고, 가장 많은 사람은 아마도 바나바였을 것이다.

가 족

가족 관계는 매우 중요하므로 여기서 설명하기 보다는 제 17장에서 그것을 주제로 하여 자세히 알아보기로 한다.

절친한 친구

당신의 절친한 친구는 누구인가? 대개의 경우 절친한 친구는 따로 선정되어 있지 않고, 우연하게 우리 앞에 나타난다. 때때로 그들은 주님께서 우리에게 보내주신 듯한 절친한 친구이다가도, 또 어느 때에는 '절친한 친구'라는 자격에 실로 적합치 않게 되는 수도 있다. 한 사람과의 관계가 점차 가까와질수록, 그는 우리 생활에 더욱 많은 영향을 미치게 된다. 만일, 우리가 일상 생활에서 하나님의 영광을 추구하지 않는 사람들과 가까이 한다면, 그들로 인해 주님으로부터 멀어지는 결과가 나타날 것이다.

잠시 시간을 갖고, 당신의 절친한 친구로서 하나님께서 보내준 사람이 누구인지 깊이 생각해 보라. 그리고 그 절친한 친구들 중 당신 인생의 영적인 영역을 가로막는 자가 누구인지, 또 진실로 당신이 주님과 동행하는 데에 있어서 도움을 주는 자가 누구인지 분별하도록 하라.

만일 당신에게 나쁜 영향을 주고 있는 친구가 있다면, 우선, 그의 인생을 성경이 원하는 삶에 가까와지도록 그를 인도할 방법을 연구해 보라. 또, '내가 너보다 신성하다.' 하는 듯한 불쾌감을 주지 않도록 주의하면서, 그에게 당신의 생활을 소개하여, 당신에게 있어서 주님을 영화롭게 하는 것이 얼마나 중요한가를 납득시켜 줄 방법도 생각해 보라. 만일 그가 반응이 없거나 이해하지 못할 때에는, 또는 만일 하나님께서 당신으로 하여금 그에게 다소 냉정해 지도록 인도하시는 듯하다면, 당신의 인생에 부수적인 영향을 초래하지 않는 한도 내에서, 그를 육성하고 당신의 사랑과 관심을 계속해서 표현할 방법을 생각해 보도록 한다.

주님께서 당신을 어떤 사람과 가까와지도록 인도하시는 듯한 새로운 사람이 있는가? 물론, 당신은 모든 사람에게 가장 좋은 친구가 되어 줄 시간이 없을 것이다. 그러나 하나님께서는 계속해서 당신에게 새로운 마음의 문을 열어 주고 계신다.

일단, 당신의 절친한 친구가 누구인지 알았으면, 그에게 그 사실을 알려 주라. 그리고 그 관계를 발전시킬 수 있도록 노력하라. 그를 저녁 식사에 초대하고, 전화 통화를 하며, 서로 기도도 해주고, 상호간의 취미 활동도 함께 하며, 당신의 가족과도 친근해 지도록 하는 것이 좋다.

그러나, 한 가지 주의할 점은 그가 당신의 가장 절친한 친구라고 해서 당신의 독점적인 친구는 아니라는 것이다. 예수님께서는 그의 12제자들과, 특히 그 중 세 명과 특별히 가까우셨음에도 불구하고 그의 사역은 안면있는 사람 및 낯선 사람 모두에게 행하셨다는 것을 기억하라.

절친한 친구들과 함께 시간을 보낼 때에는, 그들이 당신의 인생에 실로 사역해 줄 만한 무엇을 알고 있을지 자문해 보고, 그러한 내용에 관해 중점적으로 대화를 나눠 보도록 하라. 또한 당신도 경험에 비추어 보아 그들에게 도움을 줄 만한 것들이 있으면 그것을 베풀도록 하라. 친구에 대한 당신의 사랑을 표현하는 데에 있어서 넓고 다양한 방법을 모색하여 그대로 실천하라. 그리고 그들이 하고 있는 일은 마치 당신의 일로 여기고 그들을 위하여 기도하라.

안면있는 사람 및 덜 가까운 친구

대개 이 범주에 속하게 되는 사람들이 매우 많다. 하나님께서 그들을 당신의 인생에 속하게 해 주시는 데에는 여러 가지 이유가 있을 것이다. 그러한 이유들 중 두 가지는, 당신으로 하여금 그들에게 사역하게 하기 위해, 또 그들이 당신을 사역하게 하기 위해서이다.

그와 같은 두 가지 목표를 당신에게 덜 가까운 친구와의 관계를 통하여 이루어 낼 수 있는 방법을 생각해 보라. 당신은 그들과의 관계에서 배울 것이 있는가? 그들이 특별히 강점을 가지고 있는 영역은 무엇인가? 그러한 영역에서 그들의 사역을 당신은 받고 있는가? 또 그들은 당신의 강점의 영역에서 도움을 받고 있는가? 당신은 그들을 사역하는 데에 노력하고 있는가? 당신과 그들과의 관계를 통하여 하나님께서 원하시는 목적 완수를 위한 특정한 방법을 생각할 수 있는가 ?

안목있는 사람들 중에 믿음 좋은 사람도 아니고 혹은 그리스도인도 아닌 사람들에 대해서도 생각해 보라. 바로 여기에 당신이 사역해야 할 진정한 기회가 있다. 당신의 언행을 통해서 그들에게 주님의 사랑을 나타내도록 하라. 그들에게 그리스도를 소개하고, 또는 그리스도에 대한 그들의 열의를 증가시킬 기회를 찾으라. 또 그들을 사역할 만한 다른 사람들과 연결시켜 주고, 교회나 성경 공부 모임에 초대해 보라.

그들 앞에서 주님을 신뢰하고 순종하는 그리스도인으로서의 당신의 삶을 확인시켜 주도록 하라. 만일 그들이 경험해 왔던 것보다 나은 당신의 생활을 알게 되면, 당신은 그들의 관심을 끌게 되지만, 그들이 당신에게서 그러한 점을 발견하지 못하게 되면 당신이 하는 말은 결국 허황된 소리로 들릴 것이다.

낯선 사람

인간 관계에 있어서 또 하나의 차원은 우리가 살아 나가면서 단순히 만나게 되는 사람들이다. 우리는 그러한 사람들을 낯선 사람이라고 칭할 수 있다. 마태복음 25장 35~45절 말씀에서 분명히 알 수 있듯이, 우리는 낯선 사람에게도 역시 사랑과 존경의 마음으로 대하고 또한 사역해야 한다.

우리가 사람을 만나게 될 때, 그와의 만남에서 하나님이 목적하시는 바를 추구해야 한다. 예를 들면, 때때로 하나님께서는 의도적으로 우리의 삶 속에 비그리스도인을 만나게 하셔서 그 분의 사랑과 죄 사함의 계획을 전하도록 하신다. 또 어느 때에는, 우리의 특별한 강점을 가진 영역이나 경험으로부터 도움을 필요로 하는 믿는 자들을 우리의 삶 가운데에서 만나게 하시기도 한다. 우리가 그러한 상황에서 주님의 인도하심에 민감하다면 하나님은 우리를 그러한 필요에 도움을 주는 자로 사용하실 수 있다.

당신은 사람을 처음 만날 때에 어떻게 대하는가? 그들을 향하여 사랑과 봉사의 태도를 취하는가? 그들의 필요에 민감한가? 그들을 사역할 기회를 찾는가? 그들을 처음 만났을 때라도, 그 낯선 사람에게 배우고자 노력하는가? 당신은 그들에게 마음의 문을 열고 또한 당신의 가정은 그들의 필요에 개방적인가?

당신은 새로운 사람들을 만날 기회가 충분히 있다고 생각하는가? 주님께서는 당신의 인생에서 더 나은 주님의 목적 완수를 위해 당신이 만나는 사람이 늘어나도록 이끄실 수 있다. 당신은 오로지 그리스도인만을 만나고 사귀게 되는 상황에 처하기가 매우 쉽다는 것을 명심하라. 그러므로 당신은 비그리스도인들을 비롯한 다양한 사람들을 접할 기회가 있는 어떤 활동에 참여하도록 하라.

새로운 사람들을 만날 수 있는 좋은 방법 중의 하나는 당신의 인생에서 자연스러운 사회 활동을 이용하는 것이다. 예를 들면, 직장에서 커피 타임, 또는 점심 시간에 다른 사람들을 만나고 이야기할 수 있는 기회를 가질 수 있다. 당신과 시간을 보내게 되는 사람에 대하여 주님께 지혜를 구하는 기도를 하라. 마찬가지로 예배 전, 후 또는 그룹 및 다른 활동 전, 후에라도 그런 기회를 가질 수 있다.

결 어

하나님께서는 우리를 사회적인 존재로서 창조하셨다. 이브와 아담의 만남 이래로, 인간은 사귐의 기회를 갖게 되었다. 나아가서 우리들의 인간 관계는 서로의 생활에 커다란 영향을 미치게 되었다.

그렇기 때문에, 인간 관계는 주님께서 우리를 영적으로 성장시키는 데에 있어서 중요한 부분을 차지하는 것이다.

당신은 이번 장을 읽으면서 당신 인생의 사회적 영역에 발전을 줄 만한 몇 가지 방법을 알아냈는가? 당신은 인간 관계를 통하여 최대한으로 주님을 영화롭게 하고 있는가? 당신은 올바른 사람과 절친한 친구로서 교제하고 있는가? 안면있는 사람들을 사역하기 위해 노력하고 있는가? 낯선 사람일지라도 그들의 필요에 민감한가?

당신이 특별히 본받고 실천하도록 감동이 느껴지는 것을 기록해 두도록 하라.

참고 도서

- Augsburger, David. 대인 관계의 요령(*Caring Enough to Confront*). Glendale, California : Regal Books Division, G/L Publications, 1973.

- 복음 전도를 위한 화법과 접대 요령(*Evangelistic Speaking and Entertaining*). San Bernardino, California : Campus Crusade for Christ International, 1971.

- Lewis, C. S. 네 가지 사랑(*The Four Loves*). New York: Harcourt Brace Jovanovich, Inc., 1960~1971. 한글판, 생명의 말씀사, 1983.

- Mains, Karen Burton. 마음과 가정의 개방(*Open Heart, Open Home*). Elgin, Illinois : David C. Cook, 1976.

- Powell, John. 왜 나는 당신에게 자신을 소개하기를 두려워 하는가? (*Why Am I Afraid to Tell You Who I Am ?*) Niles, Illinois : Argus Communications, 1969.

- Tournier, Paul. 서로의 이해(*To Understand Each Other*) Altlanta : John Knox Press, 1967.

- Wilson, Doug. 친교의 연구(*The Quest for Intimacy*). Santa Ana, California : Vision House, 1979.

제 15 장
삶의 직업적 영역

우리들은 대개 깨어 있는 시간의 가장 많은 부분을 다른 개인적인 활동보다는 직업적인 일로 보내게 된다. 게다가, 우리의 직업은 점차 정규적인 일과로 정착되어 가기 마련이어서, 우리는 자주 관습적 습성에 젖은 채, 지금 하고 있는 일을 왜 하는지에 대해 그다지 생각을 하지 않는 경향이 있다. 또 우리는 직업 속에서 늘상 개인적인 발전을 계획하지는 않는다. 그래서 그 직업 자체에서 제공되는 기회의 조류 속으로 빠지게 되는 경우가 많다. 이번 장에서는 당신 자신에 대해, 그리고 직업에 대해 생각해 보고자 한다. 다른 장들에서와 마찬가지로 당신에게 필요한 영역을 분별하도록 주님께 지혜를 구하고 나서, 그것을 실생활에 적당하게 수용할 수 있도록 기록하여 두기 바란다.

직업의 의미

우선, 이번 장에서 내가 사용하는 '직업'이란 단어가 함축하는 의미에 관해 설명하고자 한다. 직업이란 물론 일반 작업일이나 건설업, 또는 사무직이나 영업, 외지 주재의 외무직 등, 다시 말해서 직무나 직책과 같이 생활 수단의 일을 포함하는 것이다. 또 집에서 아내와 자녀들과 함께 하는 주요 활동도 역시 포함한다. 가정의 관리란 어느모로 보나 언급된 다른 어떤 일들과 마찬가지로 '직업'으로 간주될 수 있는 것이다.

생산적 삶에 대한 성경의 훈시

직업을 갖는 것이 성경적인 일임은 의심할 여지가 없다. 성경은 게으르고 비생산적인 삶이 아닌 능동적이며 생산적인 삶을 살아야 한다고 분명히 가르치고 있는 것이다. '엿새 동안은 힘써 네 모든 일을 행할 것이라(출애굽기 20 : 9)'라고 구약 성경에도 언급되어 있다. 위의 성경 말씀의 주요 요점은 안식일에는 일하지 말고 쉬라고 하는 것이지만, 평상시에는 힘써 일하라는 하나님의 뜻을 분명히 알 수가 있다.

잠언 18장 9절에서도 우리에게 열심히 일하라고 가르친다. '자기의 일을 게을리하는 자는 패가하는 자의 형제니라' 신약 성경에서도 그에 못지 않게 많은 가르침을 주고 있는데, 데살로니가후서 3장 10절 하반절에 보면, 바울은 교회를 향하여 '누구든지 일하기 싫어하거든 먹지도 말게 하라'고 말하고 있다. 로마서 12장 11절에서도 우리에게 부지런하여 게으르지 말고 열심을 품고 주를 섬길 것을 당부하고 있다.

아내의 역할에 있어서도, 성경적 모범으로서 '훌륭한 아내'에 대해 잠언 31장 10~31절에 제시되어 있다. 그 성경 말씀의 처음 몇 줄에 나오는 동사들의 종류와 수를 주목해서 보라. '행하고', '구하여', '일하며', '가져오며', '일어나서', '나눠 주며', '간품하여', '허리를 묶으며', '강하게 하며', 등등.

물론 부지런함 그 자체만으로 목적을 완수하기는 어렵지만, 하나님께서는 우리가 특정한 직업을 찾는 일에, 그리고 점진적으로 그리스도의 형상을 본받는 데에 적극적이기를 원하신다는 것은 확실하다.

직업적 영역에 필요한 요소

우리가 직업의 영역에서 발전하기 위해서는 당연히 필요로 하게 되는 몇 가지 요소가 있다. 우선 첫째로, 하나님께서 우리에게 명하시는 직업이 무엇인지를 알아야 한다. 둘째로는 직업을 위해 특정한 정식 훈련이 필요하다. 세째로, 우리의 직업에 능숙해 지려면 꾸준히 일해 온 경험이 요구될 수도 있다. 네째로, 우리는 직업 생활을 하면서 실제적으로 '성과'를 이루어 낼 수 있어야 한다. 다섯째로, 이 모든 것을 통하여 우리는 인간으로서 성장을 계속할 필요가 있다.

이번 장의 나머지 부분에서는 이러한 개념들을 자세히 배우고 적용할 수 있도록 도움을 줄 것이다.

당신의 소명을 알라.

'소명'이라는 말은 하나님께서 개별적으로, 특히 직업에 관해 목적하시는 바를 나타낸다. 그리스도인으로서의 우리 모두는 공통적으로 그리스도의 형상을 본받아야 할 소명이 있다(로마서 8 : 28~30). 그뿐 아니라 성경에는 하나님께서 우리 개개인에게 각기 특정한 임무를 부여하신다고 확실히 나타나 있다.

에베소서 2장 10절을 보라. '우리는 그의 만드신 바라 그리스도 예수 안에서 선한 일을 위하여 지으심을 받은 자니 이 일은 하나님이 전에 예비하사 우리로 그 가운데서 행하게 하려 하심이니라' 그리고 시편 139편 16절에서도, '내 형질이 이루기 전에 주의 눈이 보셨으며 나를 위하여 정한 날이 하나도 되기 전에 주의 책에다 기록이 되었나이다'라고 다윗은 말하고 있다. 에베소서 4장 16절에서도, 그리스도의 몸의 '각 지체의 분량대로 역사하여'라고 하면서, 우리 각자는 수행해야 할 특정한 기능을 가지고 있음을 나타내고 있다. 하나님께서는 우리의 소명을 일시에 드러내시지는 않는다 하더라도, 중요한 것은 하나님께서 우리의 인생을 위한 계획을 가지고 계신다는 사실이다.

우리 중 몇 사람은 일찌기 맡은 바 임무를 확실히 알고 있을지도 모른다. 그러나 아마도 대부분은 하나님께서 우리에게 원하시는 소명이 무엇인지 발견해 내는 일에조차 도움이 필요할 것으로 생각된다. 제 9장에서 나는 하나님의 뜻을 아는 방법에 관한 몇 가지 사항을 제시해 둔 바가 있다. 여기서 다시 한번 그 대요를 알아 보자.

1. 성령으로 충만하라(에베소서 5 : 18 ; 잠언 3 : 5,6).
2. 특정한 지혜를 위해 기도하라(야고보서 1 : 5~7).
3. 그리스도인에게 공통인 성경적 목표를 고려하라(요한복음 15 : 8)
   —주님을 영화롭게 하기 위하여 :
   a. 자신의 제자화(그리스도를 닮아 가는 것)
   b. 다른 그리스도인의 제자화
   c. 불신자들에게 복음 전도
4. 하나님께서 당신에게 특별히 의미를 주시는 성경 말씀을 고려하라 (디모데후서 3 : 16,17).
5. 당신 자신에 대하여 고려하라—은사, 흥미, 재능, 과거의 교육 및 훈련, 과거의 주님의 인도하심(시편 37 : 23).
6. 조언을 고려하라(잠언 11 : 14).
7. 감동를 고려하라(빌립보서 2 : 13 ; 요한복음 10 : 27).
8. 위의 사항으로 조명해 보아 당신의 다양한 양자 택일의 문제에 관한 찬, 부 양론을 고려하라(고린도전서 2 : 15).
9. 확실한 평강을 주님께 구하라(골로새서 3 : 15).

이에 관해 좀더 자세히 알고자 하면 제 9장을 읽어 보라. 다시 한번 강조하고 싶은 것은, 처음에만 이행하다가 중단해 버리게 되면 결국 하나님의 뜻을 아는 데에 실패하게 된다는 것이다. 잠언 3장 6절에서도 '너는 범사에 그를 인정하라 그리하면 네 길을 지도하시리라' 라고 말씀하고 있다.

훈련은 절대적으로 필요하다.

출애굽기, 레위기, 민수기, 신명기와 같은 구약 성경은 이스라엘을 향하여, 다양한 상황에서의 그들이 취해야 할 행동에 대한 자세한 가르침을 주고 있다. 신명기 6장 6~9절에서는 그 가르침을 계속해서 자손들에게도 전수시키라고 부모들에게 경고하고 있다. 하나님께서는 이스라엘 사람들로 하여금 그들에게 내리시는 소명이 무엇인지, 또 그것을 어떻게 행해야 하는지에 관해 깨달을 수 있게 하기 위하여 계속해서 훈련의 기회를 주셨다. 하나님의 섭리로 볼 때, 할 만한 가치가 있는 일이라면 또한 잘 해야 할 가치도 있는 것이다.

그러한 섭리는 당연히 당신의 직업에도 적용이 되는 것이며, 그러기 위해서는 당신의 직업을 위해 몇 가지의 훈련이 필요하게 될 것이다. 왜냐하면, 우리가 어느 활동에 재능을 가지고 있다고 하더라도 우리는 그 재능을 실제적인 능력으로 발휘할 수 있도록 발전시켜야 하는 것이다. 이러한 원리는 출애굽기 35장과 36장에서도 나타나 있는데, 즉 하나님으로부터 부여받은 각자의 기술을 높이 발전시켜서 성소를 짓는 일에 공헌하는 사람들의 이야기가 바로 그 좋은 예이다.

취사 선택을 고려하라.

요즘 시대에 있어서 몇몇 직업들은 자체적인 업무 과정의 한 부분으로써 소정의 훈련 과정을 포함시키고 있다. 그러나 대부분의 다른 직업들은 그 직무를 시작하기 전에 각자 필요한 양의 훈련을 해 두어야 한다. 만일 하나님께서 당신에게 정식 훈련 기간을 요구하는 직업을 소명으로 주신다고 느껴진다면, 그 훈련을 위해 어떠한 전문 교육 기관이나 다른 프로그램(과정)에 의탁하게 되는데, 그 중 어떤 과정을 택할 것인가를 미리 신중하게 조사해 보는 것이 현명하다. 당신에게 개방되어 있는 여러 가지 훈련 및 교육 과정에 대하여 수료 기간, 특성,

비용 등을 고려해 보고 당신의 필요에 가장 적합한 것을 결정하라.
　예를 들어 당신이 만일 50대 후반의 시기에 있다면, 새로운 경력을 위한 정규 훈련으로 많은 세월을 보내는 것은 최선의 방법이 아닐 것이다. 또 당신이 네 명의 자녀를 둔 가장이라면, 아마도 독신일 때처럼 훈련 과정에 많은 비용을 들이는 것은 원치 않을 것이다. 중요한 것은 당신에게 반드시 적합하고 알맞은 과정을 선택하여야 한다는 것이다.

현재 하고 있는 훈련을 이용하라.

　당신이 일단 어떠한 훈련 과정을 시작했다면, 부디 열심히 하라. 항상 당신의 목표를 염두에 두라. 그 목표란 물론 당신이 선택한 직업에 필요한 내용을 되도록 많이 배워 습득하는 것이다. 나는 대학에서 시간을 헛되이 낭비해 버리는 젊은이들을 보아 왔다. 그들은 자신이 왜 그곳에 있는가 하는 근본적 이유조차 모르든지 아니면 잊어버린 듯이 보인다. 그렇게 시간을 낭비하고서, 나중에는 결국 후회하게 되는 것이다.
　나중에 필요하게 될 지식을 습득하는 일에 적극적이어야 한다. 인생의 정신적 영역에 관해 설명한 제 12장을 다시 읽어 보면 그 점에 도움이 될 것이다. 당신이 현재 배우고 있는 것이 당신의 미래를 위한 경력에 어떻게 도움을 줄지를 고려해 보라. 또, 과거의 경험에도 적용하여 생각해 보라. 그렇게 함으로써 당신은 습득한 지식을 잘 보전해 두어서 나중에라도 기억하여 사용하기 쉽게 하라.

첫 훈련에서 중단하지 말라.

　직업을 위한 훈련이라면, 첫 훈련 과정이 큰 가치가 없다고 하더라도, 결코 중단해서는 안된다. 우리의 인생 전체를 통하여 새로운 개념을 배우고, 또한 이미 배운 것은 새롭게 정련시켜 두어야 한다. 그러기 위해서는 관심있는 분야의 세미나에 참석할 수도 있고, 무역이나 다른 잡지들을 읽으며, 회사 후원의 교육 프로그램을 이용할 수도 있다.

가정 관리를 위한 훈련

경력이 필요한 직업만이 훈련이 요구되는 것이 아니고 가정 관리에도 역시 훈련이 요구된다는 것은 이미 설명한 바 있다. 그러나 많은 여인들은 아내가 되고 엄마가 되어 그들의 우선적 소명, 즉 가정 관리를 해야 함에도 불구하고 요리, 살림, 자녀 양육, 남편 시중 등의 일을 하는 데 있어서 훈련을 하려고 하지 않는다. 만일 당신이 그러한 위치에 있다면, 또는 이러한 가정 관리의 여러 가지 일에 특히 어려움을 느끼고 있다면, 당신은 그러한 주제를 다룬 책자나 테이프, 세미나 등을 이용하면 좋을 것이다.

젊은 아내들은 가정 관리에 풍부한 경험을 가진 존경할 만한 여성과 가깝게 지내도록 노력하라. 이 분야에서의 기술은 세심한 관찰이나 조언을 들음으로써 잘 배울 수 있기 때문이다. 디도서 2장 3~5절을 보면, 나이 든 여인은 행실을 거룩하게 하여 젊은 여자들에게 '선한 일로 교훈'하고 또한 '그 남편과 자녀를 사랑하며 근신하며 순전하며 집안 일을 하며 선하며 자기 남편에게 복종하게 하라 이는 하나님의 말씀이 훼방을 받지 않게 하려 함이니라'라고 격려할 것을 말하고 있다. 이제 당신의 직업에 관한 세번째로 중요한 면, 즉 경험에 대해 알아보도록 하자.

견습인이 되라.

우리의 직업에 관해 우리가 배우는 것들의 대부분은 능동적인 경험에 의해서 얻어지는 것이다. 좋은 경험을 얻는 방법 중의 하나는 그 분야에 정통한 사람들을 찾아서 매일매일 주의 깊게 관찰하는 것이다. 이 점은 가정 주부의 경우도 마찬가지이다. 오늘날 견습의 기회란 그리 광범위하지는 않지만, 견습 생활은 매우 유익하고, 특히 경력을 갖추기 시작할 때에 도움이 된다.

유능한 사람들과 일할 기회를 이용하라. 그들을 세심히 관찰하고 예리한 질문을 함으로써 가능한 모든 것을 배우도록 하라. 또한 할 수만 있다면 당신이 배운 바를 공고히 하기 위하여 그 배운 내용을 실제로 직무에 적용시켜 보라. 마지막으로 더욱 많은 정보원을 찾아 보라. 즉, 유능한 사람들과 서적, 테이프, 세미나 등을 찾아 이용하라.

당신에게 적합한 직무를 찾으라.

당신의 경력의 시작으로 첫 직무를 구하고자 할 때는, 장차 당신이 미래에 얻고자 하는 성과에 이바지할 유용한 경험을 줄 수 있는 분야의 일을 택해야 한다는 것을 명심하라. 그러므로 그 분야에 능숙한 사람들에게 당신을 나타낼 수 있고 필요한 경험을 습득할 수 있는 기회를 찾아라. 또, 당신의 능력을 넓힐 수 있고 한 가지 주요 활동에 한정되지 않는 보다 넓은 다양한 경험을 배울 수 있는 직무를 찾도록 하라.

이제, 당신의 직업을 위한 네번째 요소인 성과에 대해 알아보자.

일의 성과가 목표이다.

내가 메사추세츠공과대학(MIT)에 다니던 시절, 나는 농구를 했었다. 날씨가 매우 추운 겨울날이면, 우리 농구 팀이 연습하는 동안 체육관 맨 윗부분의 통로에서는 보트 경기 선수들이 연습을 하곤 했다. 우리가 자유롭고 편하게 운동하고 있는 동안 그들은 자기들이 훈련을 하기 위해 특별하게 고안한 기구를 사용하고 있었다. 그것은 즉 움직이도록 만든 의자와 진흙 도가니, 그리고 길게 하나로 연결해 놓은 노가 전부였다. 매일 저녁 늦게까지 그 선수들은 그 의자를 앞뒤로 움직이고, 도가니의 진흙을 그들의 '노'로 치면서 끌고 당겼다. 그것은 큰 성과가 없을 듯이 보였다.

그러나 봄이 되어 찰스 강의 얼음이 녹았을 때, 우리는 그 친구들이 8개의 보트와 키를 갖추고 각기 강 위에 떠 있는 모습을 볼 수 있었다. 그 건장한 근육의 신체는 실제의 노를 움켜잡고 기술적으로 다루면서 보트를 기민하게 움직여 물 위를 미끄러지듯 움직이고 있었다.

나는 젊은이들과 대화를 가질 때에는 자주 그 이야기를 해주면서, 현재 진행하고 있는 훈련이 언젠가는 그들처럼 실제로 물 위에서 보트를 운행할 수 있게 한다는 사실을 증명하여 준다. 훈련의 최종 결과는 실제의 행함인 것이다.

탁월하도록 노력하라.

우리가 성과적인 단계에 이르려면, 냉담하고 나태하게 단지 '한다'는 식의 태도로는 충분하지 않다. 골로새서 3장 23, 24절을 보라. '무슨 일을 하든지 마음을 다하여 주께 하듯 하고 사람에게 하듯 하지 말라 이는 유업의 상을 주께 받을 줄 앎이니 너희는 주 그리스도를 섬기느니라' 그리고 고린도전서 10장 31절을 보라. '그런즉 너희가 먹든지 마시든지 무엇을 하든지 다 하나님의 영광을 위하여 하라'

당신의 직업에서 평범한 위치에 만족하지 말라. 그리스도인으로서, 당신은 탁월한 드럼주자의 북소리로 힘차게 행진하라. 즉 당신은 하나님께서 명하신 바와 같이 탁월하기 위해 노력해야 한다는 것이다.

그러나 탁월하다는 것을 완전주의로 여겨서는 안된다. 완전주의란 한 개인이 맡은 임무에 관련하여 한 가지 일에만 가능한 것이다. 그러나 탁월하다는 것은 주님이 주신 자원을 낭비 없이 이용하여 해야 할 모든 일에 있어서 훌륭하게 하는 것을 말한다.

종의 태도를 취하라.

갈라디아서 5장 13절에서는 우리에게 '사랑으로 서로 종노릇하라'고 가르친다. 그러므로 성과있는 일을 하기 위해서 항상 탁월하도록 노력해야 하고, 우리의 태도는 거만하지 않고 충실한 종을 닮아야 한다.

그러나 대개의 사람들은 탁월하게 일을 하면서도, 주위 사람들에 대하여는 무관심하고 봉사하는 일에는 신경을 쓰지 않는다. 그것은 주님의 뜻에 어긋나는 것이다. 우리는 일하는 환경에 속해 있는 사람에게 민감하여야 하고 그들을 격려하며 도와 줄 방법을 모색해야 한다.

지금까지 당신의 직업 선택(또는 당신의 소임을 발견하는 것)에 관해, 그리고 당신의 직업을 위한 준비(훈련 또는 경험)와 또한 그 직업(성과)을 위한 능동적 노력에 대해 알아보았다. 이제는 직업적 영역의 다섯번째이자 마지막 요소인 계속적인 성장에 관해 알아보기로 하자. 다음에 제시된 개념들은 직업적 상황에서의 개인적 성장을 극대화시킬 수 있는 방법에 관한 것이다.

당신의 능력을 발휘하라.

누구든지 자신의 잠재 능력을 완전히 발전시킨 사람은 거의 없다. 훈련과 경험은 둘 다 우리의 직업적인 발전에 한 몫을 하지만 그 역시 우리가 스스로를 '발휘하고자' 노력할 때만 가능한 것이다. 그런데 우리는 하고 있는 일에 대해 신중히 생각하지 않으려 하고, 책임 의식까지도 나태해 지는 경향이 있다. 발전하고자 하는 열의는 우리 인생의 모든 면에서 나타내어야 하는 것이다.

훌륭한 작품의 일부가 되라.

우리 모두는 실로 일인극(one-man show)을 하도록 소명을 받지는 않았다. 우리는 교회나 가정에서 뿐 아니라 직업, 일 등 모든 면에서 주님의 총체적 계획에 부응하도록 작정되어 있다. 그러므로 단순히 자기가 맡은 일에만 전념하지 말고 다른 단원들과도 협력하여야 한다. 그리고 스스로에게 '여기에서 총체적 목표를 성취하기 위해 내가 어떻게 해야 할까?'하고 자문하도록 하라. 우리는 단지 못을 박는 사람이 아니라 빌딩을 건축하는 사람인 것이다.

항상 목표에 초점을 맞추라.

우리가 일하는 과정에서 주님은 우리에게 여러 가지의 기회를 주신다. 그러므로 우리의 소명에 이바지할 수 있는 그 기회를 포착하는 데에 기민하여야 하고 또 그 기회를 이용할 수 있어야 한다. 또한 우리는 목표 성취에 방해가 되는 막다른길을 물리쳐야 한다. 그것을 분별하기 위해서는 주변의 모든 일들에 대해 그 함축된 의미를 생각하면서, 우리의 일에 대한 하나님의 목표를 굳게 마음에 새겨야 한다.

모든 일은 합력하여 선을 이룬다.

나는 언젠가 다음과 같은 중국 속담을 들은 적이 있다. "모든 것이 순조로우면 그 일은 진전되고, 모든 것이 험난하면 당신 자신이 진전된다." 그런데 '하나님을 사랑하는 자 곧 그 뜻대로 부르심을 입은 자'인 우리 그리스도인은 직무에 있어서의 역경조차도 환영할 수 있다. 왜냐하면 그것은 당신을 발전시키는 기회가 되기 때문이다(로마서 8 : 28∼30).

주님의 계속적 인도하심에 민감하라.

하나님께서 당신의 소명에 관해 어떠한 느낌을 처음 주었다면 그 분은 아마도 당신의 인생을 위한 최소한의 윤곽만을 나타내 주셨을 것이다. 그리고 앞으로 시간이 흐름에 따라 그 윤곽을 점차 완전하게 채워 주실 것이다. 그러한 경우에 당신은 주님의 인도하심에 계속 민감하고 순종함으로써 당신을 향한 주님의 모든 계획을 알 수 있도록 하라.

당신의 직업을 즐기라.

우리는 보통 직업적인 일로써 많은 시간을 보내고 있으면서도 그 일에서 즐거움을 찾지 못한다면, 매우 부끄러운 일일 것이다. 제 5장에서, 하나님께서는 우리가 해야 할 일이라면 무엇이든지 동기 부여를 해 주시며 일하는 과정에서 즐거움도 느끼게 해 주신다는 사실을 배웠다. 그러므로 당신의 직무 중 어느 일이라도 그것이 특히 자연적인 즐거움을 주지 못하는 일이라면, 주님께 평강을 요청할 수 있다는 것을 잊지 말도록 하라.

주님과의 교제를 즐기라.

직업적인 영역에서의 계속적 발전을 위한 마지막 요소로써 한 가지 말하고자 하는 것은, 직무를 수행해 나감에 있어서 항상 주님과의 교제를 즐김으로써 그 분의 기쁨과 평강 그리고 사랑을 체험하라는 것이다. 당신의 능력에 벅찬 일은 공연히 감수하지 말라. 예수 그리스도께서 죽음을 맞이했을 때, 그는 사역 기간이 3년밖에 되지 않았고, 후손에게 계속해야 할 전도와 제자화의 사역이 많이 남아 있었지만, 이미 그 상태에서도 하나님을 영화롭게 하셨다는 것을 아시고는 만족하셨음을 기억하라. 주님께서 당신 앞에 놓아 주시는 기회를 포착하여 열심히 노력하되 당신의 직업과 인생에 관한 모든 부분이 주님과의 관계로부터 멀어지지 않고, 오히려 기여하도록 해야 한다.

결 어

이번 장을 읽으면서, 당신 인생의 직업적 영역을 정련시킬 방법을 발견했는가? 또 당신을 향한 하나님의 계획이 무엇인지 알게 되었는가? 그렇지 않다면, 그 분야에 대한 주님의 뜻을 알아보고자 제 9장에서 제시된 대로 적당한 단계를 밟아 나가고 있는가? 하나님께서 당신에게 명하신 것이 무엇이든 그것을 위한 적합한 훈련을 하고 있는가? 또 당신의 직무에 필요한 실제적인 경험을 위해 보충할 만한 훈련을 하고 있는가? 그러한 경험을 습득하는 데 있어서 그 방면에 배울 점이 있는 유능한 사람을 찾아보았는가? 일에 대한 성과를 얻었는가? 당신은 모든 일을 하나님의 영광과 존귀를 위하여 했는가? 아니면 단지 최소한의 시간과 노력을 들여서 간신히 그 일에서 헤어나려고만 했는가? 당신은 직업적으로 능력이 뛰어나기를 원하는가? 이번 장에서는 제시한 여러 개념들을 통하여 당신의 생각에 자극을 주고자 함이었다.

당신의 삶의 직업적 영역에 속하는 모든 것은, 당신이 직무를 처리해 나가는 동안 발전시킬 만한 가치가 충분히 많은 것이다. 직업에서의 만족은 당신 인생의 나머지 다른 영역에도 중대한 영향을 주게 될 것이다.

참고 도서

• Bolles, Richard. 당신의 낙하산은 무슨 색인가? (*What Color is Your Parachute?*) Walnut Creek, California : Tenspeed Press, revised annually.

• Bradley, John D. 그리스도인의 경력을 위한 계획 세우기(*Christian Career Planning*). Portland, Oregon : Multnomah Press, 1977.

- Campbell, David. 당신이 어디로 가고 있는지 알지 못한다면, 당신은 엉뚱한 곳에 도착하게 될 것이다(*If You Don't Know Where you're Going You'll Probably End Up Somewhere Else*). Niles, Illinois : Argus Commmunications, 1974.

- Dillow, Linda. 창조적인 상대(*Creative Counterpart*). New York : Thomas Nelson Publishers, 1977.

- 크리스찬의 직업 기회 목록(*The Directory of Christian Work Opportunity*). Intercristo, Box 9323, Seattle, Washington 98109.

- Schaeffer, Edith. 숨겨진 재능(*Hidden Art*). Wheaton : Tyndale House Publishers, 1975.

- White, Jerry and Mary. 당신의 직업은 생활 수단인가 성취 수단인가? (*Your Job : Survival or Satisfaction ?*) Grand Rapids, Michigan : Zondervan Publishing House, 1977.

- Zehring, John W. 당신의 경력을 원활히 하라(*Get Your Career in Gear*). Wheaton : Victor Books, 1976.

제16장
삶의 재정적 영역

성경은 재정에 대한 이야기를 아주 많이 다루고 있다. 성경은 돈에 대해 700회 이상이나 언급하고 있다. 그리스도가 말씀한 예화의 거의 3분의 2가 여러 가지 방법으로 돈과 부(富)를 말씀하고 있다. 그래서 그리스도인으로서 우리는 성경으로부터 재정에 관해 많은 지혜를 얻을 수 있어야 한다.

아마도 부(富)에 대한 가장 나쁜 측면은 신명기 8장 10~14절에 나타난 것처럼 부(富)는 강퍅하게 할 수 있다는 것이다.

> '네가 먹어서 배불리고 네 하나님 여호와께서 옥토로 네게 주셨음을 인하여 그를 찬송하리라 내가 오늘날 네게 명하는 여호와의 명령과 법도와 규례를 지키지 아니하고 네 하나님 여호와를 잊어버리게 되지 않도록 삼갈지어다 네가 먹어서 배불리고 아름다운 집을 짓고 거하게 되며 또 네 우양이 번성하며 네 은금이 증식되며 네 소유가 다 풍부하게 될 때에 두렵건대 네 마음이 교만하여 너를 애굽땅 종 되었던 집에서 이끌어 주신 네 하나님 여호와를 잊어버릴까 하노라'

돈은 우리들에게 세상의 모든 것을 즐길 수 있도록 하기 때문에 우리들은 세상과 더욱 가까워질 수 있다. 요한일서 2장 15~17절은 그러한 경우에 대비해서 우리에게 경고해 주고 있다.

> '이 세상이나 세상에 있는 것들을 사랑치 말라 누구든지 세상을 사랑하면 아버지의 사랑이 그 속에 있지 아니하니 이는 세상에 있는 모든 것이 육신의 정욕과 안목의 정욕과 이생의 자랑이니 다 아버지께로 좇아 온 것이 아니요 세상으로 좇아 온 것이라 이 세상도, 그 정욕도 지나가되 오직 하나님의 뜻을 행하는 이는 영원히 거하느니라'

그렇다면 우리는 어떻게 하여야 하는가? 돈이라면 아예 모르고 살아야 하는가? 아니다. 우리는 하나님께서 우리가 돈을 어떻게 사용하기를 원하시는지 사려 깊게 생각해 보아야 하며 하나님께 순종하여야 한다.

앞으로 이야기하는 것은 재정에 관련된 성경의 많은 원칙들을 요약한 것에 불과하다. 이것이 이 분야에 대해 보다 깊은 사고와 관심을 쏟는 계기가 되기를 바란다. 이전의 여러 장들과 마찬가지로 당신이 읽어 가면서 반드시 당신의 노트를 완성하라.

이러한 주제를 다룬 그리스도인에게 유용한 몇 권의 뛰어난 서적과 학습 그리고 세미나가 있다. 다음에 소개된 자료는 래리 버케트(Larry Bukett)가 쓴 〈변화되는 시간 속의 재정과 기독교인의 재정 개념(Your Finances in Changing Times and Christian Financial Concepts)〉에서 허락을 받고 상당한 부분을 얻은 것이다. 그가 위의 책과 다른 책들을 저술하고 있을 당시에 나는 그와 가까운 관계였다. 그의 저서는 이러한 주제에 관한 성경적 견해를 얻는 데 매우 유익함을 확신한다. 우리가 알고 있어야 할 첫번째 일은 재정의 소유와 원천에 대한 하나님의 안목이다.

사람이 아닌 하나님을 신뢰하라.

우리는 우리의 모든 필요에 대해서 하나님을 신뢰하여야 한다. 우리는 마태복음 6장 33절에서 '너희는 먼저 그의 나라와 그의 의를 구하라 그리하면 이 모든 것을 너희에게 더하시리라'라는 말씀을 본다. 하나님은 일상 생활에서 우리가 필요로 하는 모든 것의 궁극적 원천이시다. 우리가 해야 할 바는 단지 그를 믿고 순종하는 것이다. 이 믿음의 근거는 우리를 도와 주겠다고 하는 하나님의 약속이고 이 약속은 성경에 자주 나타나 있다. 시편 50편 15절이 바로 그러한 예이다. '환난 날에 나를 부르라 내가 너를 건지리니 네가 나를 영화롭게 하리라' 하나님께서는 당신의 필요를 충족시키기 위해 아주 평범하고도 실용적인 방법을 택하도록 당신을 인도하실 수도 있다. 중요한 것은 당신은 맨 먼저 그 분에게 상의를 드리고 그 분을 신뢰하는 것이다.

우리는 그렇게 하는 대신에 종종 무엇을 하는가? 우리가 월말 전에 며칠간 돈이 부족하다고 가정해 보자. 대부분의 사람들은 주저함이나 깊은 생각 없이 외상, 또는 돈을 빌리거나 신용카드를 이용한다. 우리가 잠시 하던 일을 멈추고, 필요를 채우시는 그 분의 약속을 인정하며, 그 분의 뜻을 위해 기도한다면 우리의 상태는 달라지지 않겠는가? 그 분은 이미 예비해 둔 것으로 당신이 삶을 살아 가도록 용기를 불어넣어 주실지도 모른다. 그 분은 당신이 확실히 볼 수 있는 방법으로 당신에게 특별한 선물을 보내 주실지도 모른다. 그 분은 당신의 수입을 보충할 수 있는 어떤 길로 당신을 인도할지도 모른다. 중요한 것은, 당신이 하나님을 향해 있고 당신의 필요를 채우시는 그 분을 신뢰하는 것이다.

청지기직과 소유권

두번째로 우리는 이 세상에 사는 동안 우리가 사용하도록 하나님이 주신 것들의 진정한 소유주가 아니고 단지 이런 것들의 청지기라는 사실을 인식할 필요가 있다. '내가 모태에서 적신이 나왔사온즉 또한 적신이 그리로 돌아가올지라(욥기 1:21)'라고 욥이 말했을 때, 그것은 우리 모두를 두고 한 말이었다.

당신이 욥의 말을 어떻게 생각하든지간에 실질적으로 우리가 이 세상 안으로 가져올 수 있는 것은 없고 이 세상으로부터 가져갈 수 있는 것도 없다. 우리가 이 세상에 사는 동안 우리는 단지 하나님이 은혜로 우리에게 주신 것들을 관리할 뿐이다. 우리는 그 분이 우리에게 주신 것들을 단지 잘 보살피고 그 분의 영광을 위해서 그것을 최대한으로 활용한다.

이러한 관점을 갖는다는 것은 매우 중요하다. 우리가 어떤 것을 소유하고 있다가 그것을 잃는다면 그것은 커다란 슬픔이 된다. 그러나 우리가 스스로 하나님의 소유물을 잘 보살피고 최선을 다하는 청지기로 본다면 잃어버렸다는 것은 단지 우리 자신이 관리하던 것을 다른이에게로 넘겨 주는 하나님의 선택을 나타낸다. 그 잃어버린 것이 하나님의 것이고 우리의 소유물이 아니라는 것이 우리 모두에게 명백해 진다면 이러한 것은 우리에게 문제의 대상이 되지 않는다. 그때 우리의 마음은 훨씬 가볍게 된다. 그리고 그렇게 많은 그리스도인들을 괴롭히고 있는 물질에 대한 집착으로부터 보다 자유함을 누릴 수 있다. 우리는 또한 하나님께서 우리에게 행하도록 강권하시는, 어려운 이들을 물질로 돌보는 일에도 보다 자유로와 진다.

이제 나는 당신의 관점을 물질에 대한 기본적인 안목으로부터 하나님이 당신에게 주신 수입을 우선 순위에 따라 구체적으로 사용하는 일에 대해 돌리고자 한다. 성경에는 다른 잠재적 지출보다 우선권을 가지고 있는 4가지 분야의 지출을 나타내고 있는 듯하다. 그것들은 하나님의 사업, 당신의 가족, 당신의 국가, 당신의 빚 등이다.

하나님의 사업에 대한 우선권

그리스도인으로서 우리의 목적이 하나님을 영화롭게 하는 것이라면, 이 세상에서 그 분의 사역을 재정적으로 돕는 것이 우리에게 있어서 우선 순위가 되어야 함은 명확하다.

이 원칙은 옛날 아브라함이 전쟁에서 승리하고 얻은 전리품의 10분의 1을 멜기세덱에게 드렸을 때 설명되었다(창세기 14장).

구체적으로 십일조의 개념은 성경 전반에 걸쳐 나타나 있다. 예를 들어 레위기 27장 30절을 보라. '땅의 십분 일, 곧 땅의 곡식이나 나무의 과실이나 그 십분 일은 여호와의 것이니 여호와께 성물이라'

잠언 3장 9, 10절에 보면 우리는 하나님께 드리는 것이 개인적인 축복이라는 것을 알게 된다. '네 재물과 네 소산물의 처음 익은 열매로 여호와를 공경하라 그리하면 네 창고가 가득히 차고 네 즙틀에 새 포도즙이 넘치리라'

우리의 수입의 10분의 1을 하나님께 드리는 것은 수입에 대한 그 분의 완전한 소유권과 수입을 주신 그 분의 은혜를 인정하는 것이다. 성경에서 이것은 꼭 10%를 제한하고 있지는 않지만 그러나 당신이 수입을 분배하려 할 때 하나님의 사업에 먼저 10%를 할당하는 것은 좋은 습관이다.

가족에 대한 우선권

바울은 우리에게 말하기를, '누구든지 자기 친족, 특히 자기 가족을 돌아보지 아니하면 믿음을 배반한 자요 불신자보다 더 악한 자니라(디모데전서 5:8)'고 한다.

하나님은 우리의 필요를 채워 주신다고 약속하셨고 우리가 가족을 부양하는 자라면 하나님은 우리들을 통해서 가족들의 필요 또한 채워 주시려 한다. 이 시점에서 '필요'란 말을 정의하는 것이 좋으리라 생각한다. 필요는 적절한 의·식·주·교통비 등과 같이 생활하는 데 필요한 기본적인 것들을 의미한다. 정상적인 영양 공급을 위한 적절한 양식이 필요하나, 불고기가 매일 저녁 식사로는 꼭 필요한 것이 아니다. 식사할 때 사용하는 밥상은 꼭 필요한 것이나, TV는 꼭 필요한 것이 아니다. 하나님은 우리가 많은 욕망을 가질 수 있도록 허락하시기도 한다. 우리는 뒤에서 그것에 대해 논의할 것이다. 지금 나는 하나님이 우리의 필요를 채워 주시겠다고 약속했다는 사실을 분명히 하고 싶다. '나의 하나님이 그리스도 예수 안에서 영광 가운데 그 풍성한 대로 너희 모든 쓸 것을 채우시리라(빌립보서 4:19)'

정부에 대한 우선권

로마서 13장 1~8절에는 모든 사람들의 정당한 납세를 재정 지출에 있어서 우선 순위로 두어야 한다고 말하고 있다. 그리고 우선권은 하나님이 우리 위에 세우신 권세, 곧 정부를 포함한다. 로마서 13장 6,7절을 보면 '너희가 공세를 바치는 것도 이를 인함이라 저희가 하나님의 일군이 되어 바로 이 일에 힘쓰느니라 모든 자에게 줄 것을 주되 공세를 받을 자에게 공세를 바치고 국세받을 자에게 국세를 바치고…'라고 기록되었다. 디도서 3장 1절에는 그리스도인은 하나님께서 그들 위에 세우신 권세나 통치자에게 복종하여야 한다는 개념이 되풀이 되고 있다.

당신의 빚에 대한 우선권

우리가 빚을 갚을 재원을 가지고 있다면 우리의 빚을 갚는 것은 성경에서 명시하고 있는 매우 명확한 우선 순위이다. 잠언 3장 27, 28절에 보면 '네 손이 선을 베풀 힘이 있거든 마땅히 받을 자에게 베풀기를 아끼지 말며 네게 있거든 이웃에게 이르기를 갔다가 다시 오라 내일 주겠노라 하지 말며…'라고 기록되어 있고, 시편 37편 21절에 보면 '악인은 꾸고 갚지 아니하나 의인은 은혜를 베풀고 주는도다' 라고 기록되어 있다.

사실 빚의 부정적인 측면만을 고려해 볼 때 우리가 자주 금전을 빌리는 것은 기이한 일이다. 잠언 22장 7절에서는 채무자가 채권자의 실제상의 노예가 된 사실을 지적하고 있다. 그것은 채무자가 불안 속에 있다는 것을 명시하고 있다. 당신이 만일 빚을 진 적이 있다면 당신은 아마도 모든 빚 증서를 볼 때에 그런 불안을 경험했을 것이다.

아마도 보다 미묘하지만 진지한 것은 디모데후서 2장 4절에 논의되고 있는 원칙이다. 바울은 여기에서 군인이 일상 생활의 일에 얽매일 때 군복무에 임하고 있는 그의 의무를 적절하게 수행하기는 어렵다고 설명하고 있다. 영적인 측면에서 말하면 우리는 하나님의 군사들이다. 우리는 하나님의 말씀하신 것을 수행하기 위해 우리가 자유로와야 하는데 그것을 심하게 방해하는 이 세상의 일들에 얽매이지 않아야 한다.

이것은 어떤 경우에 있어서도 빚을 지는 것이 지극히 나쁘다는 말은 아니다. 가치있는 것을 위해 또 언제든지 빚을 갚을 수 있는 경우에는 빚을 질 수도 있다. 그러나 앞에서 말한 기본적 지출의 우선 순위에 차질이 없어야 한다. 주택을 마련하는 경우 등이 좋은 예이다.

요약해서 말하면 하나님은 우리의 필요를 충족시켜 주신다고 약속하셨다. 우리가 필요하지 않은 것을 사기 위해서나 혹은 그런 일을 하기 위해 빚을 졌다면 우리는 빚을 갚기 위해 장래에 필요 이상으로 채워 주시는 하나님을 상상할 것이다. 하나님께서 단지 우리의 필요에 따라서만 장래의 수입을 주신다고 하신다면 우리는 빚을 갚기 위해서 우리의 필요의 일부를 충족시키는 일을 그만두어야 한다.

우리가 전에 진 빚을 갚는 일은 다음 글에서 언급하고 있는 지급의 다른 용도에 앞서 우선적으로 배분되어져야 한다.

남는 돈을 분배할 수 있는 가능성

하나님이 우리에게 주신 돈으로 모든 우선 순위의 영역을 고려한 후에 우리는 남는 돈이 얼마나 되는지 알 수 있을 것이다. 나는 이런 방법이 오늘날 미국에서 거의 모든 사람들에게 적용되어야 한다고 생각한다. 많은 미국인들이 계속적으로 돈이 부족하다고 생각하는 이유는 그들의 필요를 대단히 높게 정했거나, 현재 빚을 지고 있기 때문에 빚을 갚아 나가야 하는 이유로 필요를 위한 지출을 줄여야 한다. 어쨌든 우리에게 돈의 여분이 있을 때 그 여분의 돈을 어떻게 할당해야 하는가를 결정해야만 한다. 이제 성경에서 충고하고 있는 네 가지 가능성에 대해 알아보자. 하나님의 사업에 투자하는 것, 타인의 필요를 채워 주는 것, 장래의 필요를 위해 투자하는 것, 당신의 욕구에 소비하는 것 등이 바로 그것이다.

하나님의 사업에 좀더 드리는 일

당신이 아는 바와 같이 당신이 하나님의 사업 분야에 있어서 필요에 응답할 수 있는 위치에 있는 것은 좋은 일이다. 당신이 위에서 언급한 우선 순위 영역의 관점에서 하나님의 사업에 처음 생각한 것 이상으로 투자할 때 이것은 특별한 즐거움이다.

예를 들어 고린도전서 9장 6~14절은 우리들에게 영적으로 도움을 주는 사역자를 물질적으로 돕는 일의 중요성을 말하고 있다. 귀신 들리고 병든 것으로부터 나음을 입은 여인들이 예수님과 그의 제자들을 돕는 일에 헌신했음을 누가복음 8장 2, 3절에서 볼 수 있다.

다른 사람들의 필요에 드리는 일

고린도전서 8장 12~15절에는 그의 백성들의 필요를 충족시켜 주기 위한 하나님의 법칙이 나타나 있다.

'할 마음만 있으면 있는 대로 받으실 터이요, 없는 것을 받지 아니하시리라 이는 다른 사람들은 평안하게 하고 너희는 곤고하게 하려는 것이 아니요 평균케 하려 함이니 이제 너희의 유여한 것으로 저희 부족한 것을 보충함은 후에 저희 유여한 것으로 너희 부족한 것을 보충하여 평균하게 하려 함이라 기록한 것 같이 많이 거둔 자도 남지 아니하였고 적게 거둔 자도 모자라지 아니하였느니라'

성경을 통하여 볼 때, 어떤 때에는 우리들 중 일부는 여유분을 가질 수 있다는 것을 추측할 수 있다. 적게 거둔 자의 처음 부족분을 채우기 위한 하나님의 계획의 일부는, 많이 거둔 자가 그들의 남는 것을 부족한 사람에게 나눠 주는 것이다.

초대 교회에 있어서 이런 일은 확실히 보편적인 풍습이었다. 사도행전 4장 34절에 보면 초대 교인에게는 궁핍한 사람의 모든 필요가 채워졌다. 토지나 집을 소유한 사람들은 그것을 팔아 사도에게 가지고 가 가난한 그들의 형제 자매들에게 나누어 주었다. 우리가 당연히 나누지 않는다면 요한일서 3장 17절은 우리에게 하나님의 사랑이 우리 안에 거하지 않는다고 말씀하고 있다. 잠언 28장 27절에는 다른 사람들의 필요에 대해서 손을 펴 베푸는 자와 인색한 자의 결과를 말씀하고 있다. '가난한 자를 구제하는 자는 궁핍하지 아니하려니와 못본 체 하는 자에게는 저주가 많으리라'

장래의 필요를 위해 투자하는 일

잠언 21장 20절에 보면, '지혜있는 자의 집에는 귀한 보배와 기름이 있으나 미련한 자는 이것을 다 삼켜 버리느니라'라고 기록되었으며 그리고 시편 112편 3절에 보면, '부요와 재물이 그 집에 있음이여 그 의가 영원히 있으리로다'라고 기록되었다.

확실히 하나님의 백성들이 장래의 필요를 준비하기 위해 수입의 적당한 양을 저축하는 것은 하나님의 계획의 영역 안에 있는 것이다.

이러한 투자는 대학 교육, 자녀 양육, 병에 걸리거나 실직과 같은 어려운 때에 사용되어 질 수 있다. 이에 관해서 내가 주의를 주고 싶은 단 한마디의 말은 우리가 여분의 돈을 분배할 수 있었던 방법으로 비추어 볼 때, 이러한 점을 너무 쉽게 간과하지 않았는가 하는 점이다.

자신의 욕구에 대해 소비하는 일

성경에 보면 하나님은 우리가 삶 속에서 좋은 것을 즐기기를 원하신다. 예를 들어 다음의 성경 귀절을 보라.

'어떤 사람에게든지 하나님이 재물과 부요를 주사 능히 누리게 하시며 분복을 받아 수고함으로 즐거워하게 하신 것은 하나님의 선물이라 저는 그 생명의 날을 깊이 관념치 아니하리니 이는 하나님이 저의 마음의 기뻐하는 것으로 응하심이니라(전도서 5:19, 20)'

'내가 비천에 처할 줄도 알고 풍부에 처할 줄도 알아 모든 일에 배부르며 배고픔과 풍부와 궁핍에도 일체의 비결을 배웠노라(빌립보서 4:12)'

'좋은 것으로 네 소원을 만족케 하사 네 청춘으로 독수리같이 새롭게 하시느니라(시편 103:5)'

이 모든 구절은, 하나님께서 때때로 우리의 필요를 넘어서 세상의 물질을 가지고 우리를 축복해 주시고자 하는 것을 말씀하고 있다. 그러나 말할 필요도 없이 이것이 풍족한 때에 하나님을 믿는 것을 그쳐야 한다거나 또는 그 분만이 우리의 행복한 장래의 근본이라는 것을 잊어도 된다는 것을 의미하지는 않는다

오늘날 미국에서 하나님의 의도와는 너무나 빗나가서 자신의 욕망을 채우는 데에만 그들의 돈을 사용했던 결과로써 많은 사람이 고통을 받고 있다는 것을 나는 말하고 싶다.

어떻게 선택할 것인가?

우리가 여분의 돈을 배분하는 순서로는 모두 네 가지 잠재적인 배분 분야를 한꺼번에 고려하는 것이다. 바꿔 말하면 우리는 하나님의 사업을 확장시키기 위하여, 다른이의 필요를 채우기 위하여, 장래의 필요를 준비하기 위하여, 그리고 현재의 욕구를 만족시키기 위하여 여분의 돈을 사용하는 방법을 신중하게 고려해야 한다. 그리고 나서 서로서로가 기도하는 마음으로 중요성을 견주어 보고 하나님은 우리가 어떻게 사용하기를 바라시는지 결정해야 한다.

가능한 네 가지 분배 영역을 즉시 체계적으로 고려해 보는 이점은 우리가 모든 가능성에 마음이 열려 있을 때 하나님은 보다 쉽게 우리의 삶을 위한 그의 재정 계획에 대해 우리를 인도할 수 있다는 것이다. 반면에 우리의 욕망이 끊임없이 지속될 때에는 하나님이 우리에게 주시기를 원하는 만큼의 돈을 지출하는 것과는 반대로 자신을 위해서 지나치게 돈을 쓰도록 유도할 것이다.

어떻게 예산을 짤 것인가?

지금까지는 돈을 어느 곳에 써야 하는지를 논의해 왔고, 이제는 당신이 목적에 도달하는 것을 어떻게 확신할 수 있는가 알아보자.

당신의 재정을 관리하기 위한 가장 유용한 수단은 예산 편성이다. 결혼 생활에서 나와 내 아내가 가장 먼저 한 일 중의 하나는 부부로서 우리들의 힘으로 예산을 짜는 것이었다. 우리는 때때로 그 예산 편성을 수정했다. 그러나 하나님께서는 돈을 가지고 무엇을 하기를 원하시는가를 기도하는 마음으로 신중하게 결정하는 것이 가장 좋은 방법이라는 것을 알고 있다.

일상적으로 사용되고 있는 많은 종류의 예산 작성 방법이 있다. 그리고 당신이 필요로 한다면 이 장의 끝부분에 하나의 견본으로써 제시된 예산 편성 양식을 참고하라. 이 특별한 예산 편성은 처음에는 우선적으로 지출해야 하는 금액의 할당에 대해 다루고 있다. 그 다음은 남은 금액의 할당을 다루고 있다. 매우 흥미롭게도 내가 재정 관리라는 이 주제를 교회 학교 독신 대학생과 직장인반에서 가르쳤을 때, 우리는 캘리포니아 주에서 각 사람이 벌고 있는 최저 임금은 아마도 우선 순위적 지출을 제외하고 매달 $100 이상의 여분을 가지고 있다는 사실을 알았다.

이러한 사실을 비추어 볼 때 우리의 필요에 대한 예산을 아주 주의 깊게 짠다면 우리는 하나님이 우리에게 주신 여유 재정을 어떻게 사용할 것인가를 결정할 때에 상당히 만족할 만한 상태에 있는 것을 쉽게 발견할 것이다.

저축 요령

서점에는 당신이 예산에 맞추어 살고 돈을 저축하는 구체적인 방법을 기술한 좋은 책들이 많이 있다. 그러나 나는 지금 몇 개의 좋은 원리를 당신에게 제시하고 싶다.

무엇보다도 당신의 배우자와 의견을 일치하여 설정해 놓은 예산지침에 따라서만 물품을 구매하겠다고 작정하는 것이 중요하다. 예를 들어 의복비로 한 달에 $30은 당신이 실제적으로 소비해야 하는 전체

금액이다. 당신은 의복비로 지출할 돈의 계획을 지켜야만 한다. 당신의 매달 의류 할당비가 초과된다면, 다른 것을 더 사기 위해서는 다음 달까지 기다리거나 특별히 다른 지출 부분에서 비용을 줄여야 한다. "먼저 사고 나서 후에 지불하지 말라."

필요와 욕구를 구별하라.

두번째로 필요와 욕구를 지속적으로 구별하는 것이 중요하다. 당신이 서로 다른 옷감과 서로 다른 음식을 평가할 때, 실제적으로 무엇이 필요한지 무엇이 좋을런지 기도하는 마음으로 생각하라. 어떻게 하면 하나님께 최고로 영광을 돌릴 수 있는가를 항상 생각하라. 그리고 물품 구입을 생각할 때 항상 이것을 다른 용도에 사용하면 어떻겠는가를 비교해 보라.

세째로 실질적인 구매는 우리가 어느 곳에서 재정을 통제하느냐, 혹은 어느 곳에서 통제하지 않느냐 하는 것이다. 나는 그 물건이 확실히 필요하다고 미리 결정하지 않았다면, 쇼핑하면서 서로 비교해 보기 전까지는 결코 비싼 물건을 사지 않겠다고 스스로 잠정적인 규칙을 세워 놓았다. 이러한 습관으로 나는 충동적인 구매를 피하고 있다. 충동적인 구매는 예산을 망가뜨릴 수 있다. 유혹하는 광고와 전시로부터 당신이 영향받지 않도록 하나님께 기도하고 간구하라. 외판원과 상의할 것이 아니라 하나님과 상의하여 당신의 필요를 결정하도록 하라.

네째로, 우리 가정에서는 나와 내 아내가 각자 예산의 서로 다른 분야에 책임을 지고 있다. 이에 따라 우리는 매달 자금을 분배한다. 예를 들면 나의 아내는 식비와 우리가 다른 사람들에게 주는 모든 선물비, 그리고 그녀가 원할 때 쉽게 선택할 수 있는 여러 가지 다른 품목비를 다룬다. 나는 집세, 자동차 비용, 보험비 등을 책임진다.

다섯번째로 당신이 만일 어떤 이유 때문에 계속적으로, 혹은 일시적으로 수입이 줄어들게 될 때 빚을 지는 것이 아니라 지출 수준을 낮춤으로써 필요한 조치를 취하라. 빌립보서 4장 12, 13절에 바울은 비천에 처하든지 부요에 처하든지 꼭같이 적응할 수 있음을 말하고 있다. 바울은 빚에 의해서가 아니라 그를 강하게 하시는 그리스도를 통하여 빈곤에 대처하였다.

좋은 물건을 사기 위한 시간을 가져라.

여섯번째로, 지출하는 데에 서두르지 말라. 당신이 만일 마음에 편안함이 없다면 사지 말라. 오히려 주 안에 거하면서 그가 당신을 인도하시도록 잠잠히 그를 기다리라(시편 37:7). 당신이 쇼핑할 때 저렴한 가격으로 좋은 물건을 살 수 있는 장소를 찾으라. 시간이 지나면 당신이 가진 돈으로 어느 옷, 어느 음식, 그리고 어느 물건을 살 때 가장 값진가를 알게 될 것이다. 예를 들어 나의 아내는 비교적 비싸지 않지만 대단히 좋은 물건을 파는 장소를 찾아 냈다. 그녀가 우연히 축하 또는 결혼 선물용으로 특별히 좋은 물건을 발견하게 될 때 즉시 여러 개를 산다. 이러한 방법은 돈과 시간을 동시에 절약해 준다.

일곱번째로, 할인 판매 시기를 이용하라. 계획을 짜게 되면 당신은 미리 필요 사항을 알게 됨으로 싼 물건이 나올 때에 물품을 구매해 둘 수 있다.

여덟번째로, 중요한 물품을 구입할 때에는, 가격이 저렴할 뿐만 아니라, 제품의 질도 확인해 줄 수 있는 소비자 자료 또는 편견 없는 자료들을 참고하는 것이 좋다.

새로운 물건을 사는 대신에 수선하여 재활용하라.

아홉번째로, 돈을 절약하기 위해 새로운 전략으로써 당신이 사용하던 물건을 처분하고 새로운 것을 사는 대신에 수선해서 쓰는 방법을 고려해 볼 것을 추천한다. 우리가 일상 생활에서 사용하는 자동차와 생활 기구 같은 대부분의 제품들은 쉽게 보수될 수 있다. 보수를 하게 되더라도 많은 돈이 들어가고 작동시키는 데 불편할 정도가 되기 전에 자동차를 팔아 버리는 사람이 많이 있다.

열번째로, 절약하는 마지막 방법으로써 나는 신용 카드에 대해 말하고 싶다. 당신이 만일 재정적인 문제보다는 편리함 때문에 신용 카드를 사용하는데 잘 훈련된 사람이라면, 반드시 그것을 사용하라. 그러나 당신이 지금 당장 돈을 지불할 수 없지만 나중에 지불할 것이라고 생각하며 어떤 물건을 사기 위해 신용 카드를 사용한다면, 나는 당신에게 신용 카드를 사용하지 말 것을 권한다. 그것은 당신이 기도하며 재정에 대해 세워 놓은 계획을 쉽게 망가트릴 수 있기 때문이다.

결어

우리는 돈을 어떻게 사용해야 하는가에 대해 매일같이 고심하지만, 그리스도인으로서 우리는 재정에 대한 세상의 계획 대신에 하나님의 계획에 맞추고자 적극적이고, 집중적으로 노력해야 할 책임을 가지고 있다. 우리의 삶의 재정적인 영역은 하나님을 신뢰하고 순종하는 훌륭한 기회를 마련해 준다. 그리고 우리가 이렇게 함으로써, 영적으로나 물질적으로 축복을 받게 된다.

특별히 당신이 곧바로 시행하고 싶은 어떤 것을 배웠다면 계속해서 읽어 나가기 전에 반드시 그것을 노트에 적어 놓으라.

⟨예산 편성표의 예⟩

1. 우선 순위의 배정
    하나님의 사업
    (사역을 열거하라)
    _____   _____
    _____   _____

    가정에 필요한 것들
        집(가옥)에 대한 지출(세금, 보험 포함),
            혹은 전세   _____
        설비   _____
        음식   _____
        옷   _____
        교통비(세금, 가스, 수선비, 보험 등)   _____
        화장품   _____
        가정용품 구매   _____
        기타 보험   _____
        전화   _____
        오락   _____
        선물   _____
        교육   _____
        세탁   _____
        일반적인 수선   _____
        휴가   _____
        잡비   _____
    공과금(소득세, 사회보장비)   _____
    채무 반납   _____
    총 우선 순위의 배정   _____

2. 여분 계산
    총수입   _____
    −총우선 순위의 배정   _____
    여분   _____

3. 여분 재정의 배정
    하나님의 일
    _____   _____
    _____   _____

    다른 사람들의 필요
    _____   _____
    _____   _____

    투자
    _____   _____
    _____   _____

    욕구
    _____   _____
    _____   _____

                총 잉여 금액   _____

참고 도서

• Bowman, George E. 재력으로 성공하는 법(*How to Succeed with Your Money*). Chicago : Moody Press, 1960, revised 1974.

• Burkett, Larry. 크리스찬의 물질 개념 (*Christian Financial Concepts*). San Bernardino, California : Campus Crusade for Christ, 1975.

• Burkett, Larry. 변화되는 시간 속에 당신의 재력(*Your Finances in Changing Times*). San Bernardino, California : Campus Crusade for Christ, 1975.

• Dowd. Merle. 20% 더 쓰거나 절약하며 사는 방법 (*How to Live Better and Spend 20% Less*). West Nyack, New York : Parker Publishing Co., Inc., 1967.

• Fooshee, George. 당신도 물질에서 자유로울 수 있다(*You Can Be Financially Free*). Old Tappan, New Jersey : Fleming H. Revell Co., 1976.

• Galloway, Dale E. 당신의 금전 문제 해결은 이것이다(*There is a Solution to Your Money Problems*). Glendale, California : Regal Books Division, G/L Publications, 1977.

• Kilgore, James, with Highlander, Don. 재력 없이 더 많은 가족을 갖기(*Getting More Family Out of Your Dollar*). Irvine, California : Harvest House Publications, 1976.

• McLean, Gordon. 하나님이 당신의 돈을 관리하게 하라(*Let God Manage Your Money*). Grand Rapids, Michigan : Zondervan Publishing House, 1972.

• Poriss, Martin. 싼 값으로 그러나 훌륭한 가계를 꾸리는 법(*How to Live Cheap but Good*). New York : Dell Publishing Co., 1971.

- Seminars : Winning the Money Battle. Christian Financial Ministries, 3518 Carlsbad Blvd., Carlsbad, California 92008, David Hornberger, President.
Christian Financial Concepts, 4730 Darlene Way, Tucker, Georgia 30084, Larry Burkett, President.

제 17 장
삶의 가정적 영역

하나님께서 하늘과 땅과 그 안에 있는 모든 것을 창조하신 후에 하나님은 그의 피조물을 보고 좋았더라고 선포하셨다. 그리고 나서 그는 아담의 상태를 보시고 '사람이 독처하는 것이 좋지 못하니(창세기 2:18)'라고 선포하셨다. 아담의 문제를 해결하는 과정에서 하나님은 모든 사회 제도의 시초이고 가장 기본이 되는 결혼이란 제도를 정하셨다. '이러므로 남자가 부모를 떠나 그 아내와 연합하여 둘이 한 몸을 이룰지로다(창세기 2:24)'

예표로써의 결혼과 가정

결혼 관계는 그것의 우선함과 친밀함 이외에 여러가지 면에서 중요한 의미를 가진다. 첫째로 그것은 하나님과 인간의 관계에 대한 예표를 보여 준다. 예를 들어 에베소서 5장 23절을 생각해 보라. '이는 남편이 아내의 머리 됨이 그리스도께서 교회의 머리 됨과 같음이니 그가 친히 몸의 구주시니라' 그리고 에베소서 5장 25절의 '남편들아 아내 사랑하기를 그리스도께서 교회를 사랑하시고 자신을 주심 같이 하라'는 말씀을 생각해 보라. 하나님의 기준에 따라 결혼을 살펴봄으로 우리는 어렴풋하게나마 하나님과 사람 사이의 올바른 관계를 알게 된다.

결혼 관계는 주로 자녀들을 얻는 축복을 받는다. 자녀들은 '하나님의 선물' 그리고 '상급'으로 여겨지는 것이다(시편 127 : 3). 아들과 아버지의 관계 역시 영적 진리를 알리는 데 사용되는 예표이다. 예를 들어 육신의 아버지가 자녀들을 계속해서 양육하며, 그들이 가야 하는 길로 인도하며, 그들을 책임있는 어른으로 키우고자 애를 쓰는 것처럼 하나님도 모든 갓 태어난 그리스도인들을 그리스도 안에서 온전히 성장할 때까지 여러가지 방법으로 이끄신다.

아이들의 관점으로 보면 육신의 아버지를 통하여 하늘에 계신 최초의 아버지가 어떠한 분이신가를 상상할 수 있다. 나중에 커가면서 아이들은 아버지와 어머니를 공경하는 것처럼 하나님의 말씀을 순종함으로써 그 분을 경외해야 한다는 사실을 배운다.

아버지의 관점으로 보면 자식과의 관계는 사람이 하나님과의 관계에 있어서 어떻게 행해야 하는가를 잘 말해 줄 수 있다. 부모가 그의 자식들에게 바라고 기대하는 많은 것들이 하나님께서 우리들에게 바라고 기대하는 것과 같다.

말할 필요도 없이, 결혼 또는 가족 관계가 하나님의 기준에 따라 이루어지지 않는다면, 그것은 하나님과 사람 사이의 올바른 관계를 정확하게 나타내 주지 못한다. 그러므로 이러한 관계들이 하나님께서 의도한 대로 이루어지는 것이 중요하다.

이 장에서 우리는 한 사람이 독신으로 있다가 결혼하여 부모가 되기까지 평범한 과정을 다루어 볼 것이다. 우리가 여러 가지 결정과 책임들을 생각해 볼 때 거기에 당신이 향상시킬 수 있는 영역들이 있는가 살펴보라. 어떤 경우에 나는 생각해 보아야 할 특별한 문제를 제시할 것이고, 그리고 또 다른 경우에는 당신의 사고를 자극시키도록 단순한 몇 가지 질문을 해 볼 것이다. 이전과 마찬가지로 당신은 자신의 문제에 대하여 말하고 있는 것 같은 어떤 것들을 노트에 적는다는 것은 값진 일임을 알게 될 것이다.

결혼해야 하는가?

결혼에 관해서 독신자가 제일 먼저 해결해야 하는 문제는 하나님께서 결혼하기를 원하시는가 하는 문제이다. 결혼은 대단히 특별하고 축복을 받는 관계이며 대부분의 사람들을 향한 하나님의 뜻이지만, 고린도전서 7장에 보면 결혼하지 않은 사람들의 봉사를 위해 결혼은 일률적이 아닌 유동적이고 경우에 따라 안 할 수도 있음을 보여 준다.

물론 결혼해야 하는가, 아닌가의 문제가 단번에 해결되는 마법의 시대는 없다. 나는 개인적으로, 하나님은 진정으로 내가 결혼하기를 원하신다고 결론짓기 전에 여러 해를 독신으로 지냈다. 그러나 젊은 독신자들은 최소한 하나님께서 그의 지혜 가운데 자신을 독신으로 남아 있기를 원하실지 모른다는 가능성을 생각해 보는 것이 중요하다.

누구와 결혼해야 하는가?

하나님께서 어떤 독신자를 결혼하도록 이끄신다면 대부분의 경우처럼 문제는 '할 것인지 아닌지'의 문제에서 '누구와'의 문제로 넘어간다. 그리스도를 개인적으로 영접하기로 결정한 이후에 삶 속에서 배우자의 선택은, 우리가 경험하는 가장 중요한 결정이 된다. 왜냐하면 우리가 하나님의 기준에 의해 살려고 한다면 그 결정은 취소할 수 없는 것이기 때문이다. 예를 들면 우리가 경력을 쌓아 나가는 것처럼 결혼은 실험으로 해 볼 수가 없다. 그러므로 누구와 결혼할 것인가의 결정은 당연히 많은 기도와 명확한 사고 그리고 마지막으로 하나님께 대한 순종이 필요하다.

그런데 어떠한 일이 자주 발생하는가? 젊은 남자가 젊은 여자를 만난다. 강한 매력이 일어난다. 얼마 지나지 않아 그들은 약혼을 한다. 구혼과 결혼의 시기가 가까움에 따라 감정과 사랑 또는 설레임이 생긴다. 그러한 것이 잘못되었다고 말하고자 하는 것은 아니다. 그 사람과 또는 그녀와 결혼하기로 최종 결정하기에 앞서 전체 삶을 놓고 특별한 사람과 기도하며 생각해 보는 시간을 갖는 것이 매우 중요하다.

예를 들어 어떤 사람들은, 하나님께서 양쪽 모두에게 짝을 짓도록 허락하신다는 똑같은 부르심을 주장할지도 모른다. 그러나 각각의 부르심은 같은 방향으로 나타나는 것이 아니다. 그러한 상황은 오히려 두 사람이 서로를 위해 짝지워져 있지 않다는 아주 좋은 징표가 될 수 있다.

혹은 그 연인이 부르심을 생각할 때 서로에게 정신적인 자극을 주지 못하거나 혹은 자주 기본적인 주제에 대해 불일치할지 모른다. 이러한 상황 역시 그들이 서로 맞지 않다는 경고 표시이다.

배우자를 위한 가장 기본적인 자격은 그, 혹은 그녀가 상대방의 가장 친한 친구가 될 수 있어야 한다는 것이다. 왜냐하면 하나님의 섭리에서는 남편과 아내는 가장 가까운 친구이어야 하기 때문이다. 당신이 만일 독신자라면, 반드시 가장 가까운 친구가 될 수 있는 사람과 결혼하라.

관계를 계발시켜라.

일단 당신이 결혼하기로 결정하고, 배우자로 선택하고 진실하게 하나로써 사귀어 왔다면, 당신의 관계를 최대한 발전시키는 데 노력을 다할 필요가 있다. 당신의 배우자와 가까운 관계를 유지하기 위한 당신이 쏟는 생각과 정성은 다른 사람을 사귀는데 필요한 생각과 노력보다 더 커야 한다. 당신의 결혼 관계는 모든 인간 관계에 앞서 가장 우선 순위를 두어야 한다.

당신이 결혼을 준비해 나갈 때, 어떤 것은 당신의 관계를 가깝게 하는 데 도움을 주고 어떤 것은 관계를 멀게 한다는 것을 알게 될 것이다. 도움을 주는 것을 최대한 늘이고 관계를 멀게 하는 일들은 가능한 한 최소화 시키는 데 많은 관심을 쏟아야 한다.

대학생선교회에서는 매년 자녀들과 일상 생활에서의 혼란으로부터 남편들과 아내들을 따로 모아 '주말 계획 짜기'라는 작은 휴가 계획 강좌를 마련해 놓고 있다. 부부들은 특별히 마련된 자료들을 가지고 그들의 바쁜 생활 가운데 이야기할 기회가 없을지도 모르는 여러가지 주제에 대하여 대화를 나눈다. 그들은 함께 성경을 공부하기도 하고 그들에게 중요한 문제에 대해 의견 일치를 보게 된다. 아모스 3장 3절에 보면 두 사람이 의합치 못하고 어찌 동행할 수 있겠냐고 말씀하고 있다.
　이와 같은 계획 짜기 과정을 통해 그리고 실질적으로는 그들의 결혼을 통해 부부는 무엇이 상대방을 기쁘게 하고 기쁘지 않게 하는가를 발견하도록 격려받는다. 이러한 방법은 한 편에서 상대방의 필요를 보다 더 충족시켜 주는 데 잘 준비하도록 도움을 준다.
　우리가 결혼한 이래 매년마다 나의 아내와 나는 한 번씩 주말 계획을 짜는 시간을 가졌다. 우리가 느끼는 바를 서로 의견을 나눌 때마다 하나님은 우리들을 인도하셔서 부부로서 그리고 독립된 인격체로서 우리의 삶 속에 놓여 있는 앞으로의 6~12개월 동안에 초점을 맞추도록 하셨다. 그리고 나서 우리는 그에 따라 각자 목표를 세웠다.
　이 일을 진행하는 데는 실로 두 사람의 생각이 한 사람보다 낫다는 것을 발견하게 되었다. 우리가 혼자 힘으로는 알지 못했을 생각과 통찰력을 함께 나누는 것은 대단히 도움이 된다. 또한 우리가 여러 가지 행동 방향을 함께 결정했을 때 우리는 한 해 동안 서로를 위해서 기도하고 격려해 주고 상대방의 나아가는 바를 이해해 주고, 어떤 것이 생각났을 때 도움이 되는 힌트를 주고 우리가 각자의 삶 속에 있는 여러 가지 영역 안에서 향상시키고자 할 때 서로가 여유를 가지고 대할 준비를 할 수 있다.
　결혼의 친밀함의 중요한 부분은 육체적 친밀감과 관계를 가져야 한다. 둘이서 한 육체를 이룰 때, 하나님은 서로의 관계에 있어서 대단히 중요한 특별한 일치감을 허락하신다. 당신이나 또는 당신의 배우자가 육체적 관계가 적당하지 못하다고 느껴진다면 당신이 그러한 영역에 관한 도움을 찾아볼 것을 격려한다. 이 주제에 대해 유용한 많은 기독교 자료가 있다. 그리고 개인적인 상담 역시 유익하다.

정리해서 말하면 당신은 배우자와 함께 관계를 발전시키고자 노력하고 있는가? 어떤 특별한 행동이 당신으로 하여금 그 또는 그녀에게 좀더 가까운 친구가 되도록 도움을 주는가? 어떤 일을 당신은 쉽게 해 나갈 수 있는가?

서로 사랑하라.

'사랑하는 자들아 우리가 서로 사랑하자'라는 말씀은 요한일서 4장 7~21절에 있는 사랑에 관한 주요 성경 말씀 중 첫 귀절이다. 어떤 성공적인 관계에 있어서 특히 결혼에 있어서 중요한 요소 중의 하나는 사랑이다. 하나님의 사랑의 질은 사람을 하나로 묶는 단단한 것이다. 그것은 어떤 관계에 있어서도 어떤 장벽이라도 극복하고 어려움을 이겨낼 수 있게 한다.

나는 언젠가 방을 함께 쓰는 친구와 문제를 가지고 있었던 나의 친구를 도운 적이 있었다. 나는 그 방 친구가 특이하게 행하고 있는 일이 많이 있음을 알았지만 나의 친구에게 주도권을 가지도록 격려하였다. 나는 그녀에게 종이를 가져다가 세 칸의 줄을 긋도록 하였다. 첫번째 칸에 그녀는 고린도전서 13장 4~8절에 열거되어 있는 여러 가지 사랑의 모양, 곧 인내, 친절함, 시기하지 않음 등을 썼다. 두번째 칸에 그녀의 방 친구와의 관계에 있어서 일치하고 있지 않는 점들을 썼다. 그리고 나서 세번째 줄에 그 다른 점을 일치시킬 수 있는 창조적인 방법들을 생각하도록 하였다.

우리가 종이를 채워 나감에 따라 결국 나의 친구는 그녀의 방 친구를 위해 매일 눈에 띄는 방법으로 사랑을 나타낼 수 있는 특별한 방법들을 많이 발견하게 되었다. 수주일 후에 그녀에게 일이 잘 되어 가냐고 물었을 때 그녀는 "이전 보다 나아졌어."라고 말했다.

당신은 사랑에 대한 성경의 지침에 따라 당신의 배우자에게 구체적으로 사랑을 표현하기 위한 주도권을 행사하고 있는가?

결혼 : 대화 혹은 혼돈

좋은 관계를 유지하는 데 있어서, 특히 결혼에 있어서 또 다른 중요한 요소는 대화이다. 이 주제에 대하여는 내가 아는 그 어떤 사람도 달라스 신학교 교수인 헨드릭스(Howard G. Hendricks) 박사보다 더 좋은 조언을 하시는 분은 없다. 나는 한때 "결혼 : 대화 또는 혼돈"이란 제목에 대해 그의 훌륭한 강의를 들어본 적이 있다. 그 강의 중 일부를 여기서 당신과 함께 나눌 수 있도록 허락해 주신 것에 대하여 대단히 고맙게 생각한다.

말하는 것보다 이해하는 데 중점을 두라. 당신의 배우자와 함께 대화할 때에 듣는 쪽에 더 신경을 쓰라. 당신의 마음 속에 배우자에게 중요한 것이 무엇이고 그, 또는 그녀를 혼란스럽게 하는 것이 무엇인지를 새겨 두라. '나는 이해받기 보다는 이해하려고 애쓴다'는 태도를 유지하라.

공동 관심사를 계발시키라. 당신이 함께 참여하는 활동이 많으면 많을수록 대화는 더욱 더 넓어질 것이다. 함께 즐기고 그것을 추구할 수 있는 오락 활동을 찾으라. 서로의 일에 대하여 무엇인가를 알고 있으라. 당신들이 함께 하는 결혼 생활의 반만이 아이들과 함께 지낼 수 있고 나머지는 당신들 둘만이 보내야 한다는 것을 기억하라. 그러므로 진정한 동료 의식을 찾고 장래를 위한 투자로써 서로 즐기는 법을 배우라.

당신 자신을 흥미롭고 매력적인 사람으로 만들라. 여러 종류의 주제에 대한 지식과 흥미를 계발시키기 위하여 폭넓게 독서하라. 당신이 계속해서 이야기하는 데 자극받도록 무엇이 일어나고 있는지에 대하여 주의를 기울이라.

대화를 위한 특별한 시간을 따로 떼어 놓으라. 필요에 대하여 의견을 나누고 의견을 표시하고, 요구 사항을 전달하라. 또한 하나님의 말씀을 공부하고 부부로서 그리고 가족으로서 함께 기도하라. 함께 목표를 세우고 그리고 그 목표에 도달하도록 합의된 계획에 따라 나아 가라. 당신과 가정의 구성원들과의 관계를 평가하고 당신이 관계를 향상시킬 수 있는 필요한 방법들을 결정하라.

요약해서 말하면, 당신은 배우자와 어느 정도의 대화를 하고 있는가? 당신들이 한 부부로서 어디로 가고 있는가? 그리고 당신들은 서로를 어떻게 더 잘 도울 수 있는가에 대하여 이야기하는 특별한 시간을 가졌던 마지막 때가 언제인가? 당신은 언제 그러한 대화 시간을 가질 계획을 짜려고 하는가?

당신은 자녀를 두어야 하는가?

이제 결혼이란 주제에서 자녀에 대한 주제로 넘어가도록 하자.

결혼한 부부가 해결해야 하는 중요한 문제 중의 하나는, 하나님께서는 그들이 자녀를 갖기 원하시는가 아닌가 하는 문제이다. 일반적으로 하나님은 자녀를 가정의 일 부분으로 포함시키신다. 그러나 아이들이 반드시 모든 부부들을 위한 계획의 일 부분은 아니다. 아이들을 잘 키우기 위해서는 많은 시간이 든다. 그러한 시간의 투자는 하나님께서 한 쌍의 부부를 무엇을 하도록 부르셨는가 하는 점에 비추어서 신중하게 생각해 볼 가치가 있다. 다른 한편으로 아이들은 기쁨과 만족감의 커다란 원천이며 하나님께서 우리를 위한 그의 사랑을 보여 줄 수 있는 매우 실제적인 방법이다.

커다란 책임과 많은 기쁨

하나님께서 만일 당신들에게 자녀를 갖도록 인도하신다면, 이 특권과 함께 당신이 가져야 할 매우 명확한 책임이 있는데 그것은 자녀들을 하나님의 기준에 따라 키우는 것이다. 당신들이 갖고 있는 어른들 사이의 관계에 비교해 볼 때 당신과 자녀들과의 관계는 당신들에게 더 많은 것을 요구하고 있다. 아이들은 많은 필요 사항을 가지고 있고, 먼저 당신들을 도울 능력을 가지고 있지 못하다. 그러므로 당신들의 사랑은 다른 관계에 있어서 보다 더 잘 베풀 준비가 되어 있어야 한다. 성공적인 가정 생활의 기술과 기쁨에 관하여 헨드릭스 박사는 〈하나님이 가정을 돕는다(Heaven Help the Home)〉라는 책에서 부모로써 책임을 다하며 살아가는데 아직도 가정이 하나되지 못했다면 "당신들의 집을 하나의 가정으로 다시 정립"할 수 있는 12가지 방법을 언급하고 있다. 그의 제안들은 다음과 같다.

1. 가족의 각 구성원이 자신을 가정에서 V.I.P. 즉 대단히 중요한 사람으로 느끼고 있는가를 알아보기 위하여 각 사람의 상태를 점검해 보라. 그가 살고 있는 단체 '안에서' 가족이 그를 좋아하고 그를 인정하고 그를 독립된 인격으로 신뢰하기 때문에 그는 자신을 믿을 수 있다.
2. 근본적인 구조를 점검하라. 아버지가 가정의 머리이고 어머니가 그를 돕고 자녀들 모두는 함께 가정에 대해 책임을 진다.
3. 가족의 가치관을 살펴보라. 분명하고 하나에 초점을 맞춘 주제가 필요하다. 예수 그리스도 외에 어떤 것도 영원한 결합을 위해서는 너무 약하다. 긍정적인 이유들이 밑받침되고 있는 그리스도에 대한 개인적인 헌신이, 부모의 본이 되어야 한다. 어떤 시점에서 모든 구성원은 그의 삶에 대한 그리스도의 요청에 개인적으로 직면해 보아야 한다.
4. 기술과 재능을 완성해 나가는 것을 통하여 가족의 자부심을 키우라. 음악 강습, 취미, 좋은 책들로 그 씨앗을 심으라. 하나님이 당신에게 주신 모든 능력을 사용하라.

5. 실수할 때나 상상력 있는 오락 시간에는 웃음으로 가족들의 재치있는 면을 계발하도록 하라. 적극적이고 건설적인 가정은 매력이 있다.
6. 강요되는 일체감을 풀어 주라. 각자에게 가끔 홀로 떨어져 있도록 격려하라. 가정에서, 하나님과의 개인적인 관계를 소중히 여기는 개인의 자유를 마련해 주라.
7. 감정의 환기 시스템을 정밀 검사해 보라. 긴장으로 분위기를 채우지 않도록 하라. 가정에서 긍정적인 이야기와 편안한 태도를 늘 취하도록 하라.
8. 쓸데없는 파편과 같은 이전의 원망들을 말끔히 씻어 내라. '그리스도께서 당신을 용서해 주신 것 처럼' 과거를 용서하고 잊으라.
9. 가족들이 적극적인 대화에 연결되도록 배출구를 새롭게 하라. 비난 없는, 사고의 자유로운 교환은 필수적이다. 대화란 강의에 의해서가 아니라 주로 생활에 의해서 이루어진다는 사실을 기억하라.
10. 힘찬 그리스도인 가정의 향기가 다른 사람들에게도 유익을 주도록 가정의 문을 가족 구성원들의 친구들에게도 항상 열어 놓도록 하라.
11. 성숙하지 못하고 완전하지 못한 일정 기간을 제외하고는 가족들을 든든하고 차분하고 합리적인 규칙들로 정결함을 얻도록 하라. 장래를 위하여 '더 좋은 길'을 계획하라. 각 개인이 스스로를 목 매지 않고 약간 있는 자신의 끈을 연결할 수 있도록 충분한 여유분의 밧줄을 준비하라.
12. 성경이 당신을 그리스도처럼 믿을 만하게 만들도록 하라. 어떤 인위적인 것도 가정 생활의 계속적인 파괴를 막을 수 없다. 당신이 어떠한 사람인가는 당신이 무엇을 말하는가보다 더 중요하다.

당신은 자녀들을 어떻게 다루고 있는가? 당신은 그들을 잘 키우기 위해서 필요로 하는 시간과 노력을 쏟고 있는가? 그들을 향한 당신의 사랑과 그들에 대한 믿음을 그들은 확신하는가? 당신은 자녀들과 함께 성경을 공부하고 기도하는가? 당신의 가족은 진실로 함께 즐기고 있는가? 당신의 자녀들과의 관계를 향상시키기 위해 당신이 할 수 있는 것은 무엇인가?

자녀들이 계획짜는 것을 도우라.

자녀들이 성장했을 때, 스스로 기도하며 목표를 세우도록 그들을 가르치고 그 목표를 이루기 위한 길들을 따라가도록 도우라. 이러한 목표들은 자녀들이 생활을 향상시키는 영역일 수도 있고 또는 특별히 그들에게 의미있는 또 다른 성취일 수도 있다. 이것을 통해서 그들은 당신이 똑같은 향상을 얻기 위하여 달리 설정할지 모르는 규칙과 규범들을 더 향상시키고자 하는 생각을 또는 그것을 배격하고자 하는 생각을 갖게 된다. 이것을 통하여 자녀들은 스스로 하나님께 간구하는 특별한 방법을 배우게 된다.

당신의 자녀가 이러한 것을 하기에 너무 어릴지라도, 당신과 당신의 배우자가 자녀에게 매년 어떤 영역을 가르쳐 볼 것인가에 대해 신중하게 생각해 보는 것은 중요하다. 적극적인 성격을 계발하기 위한 방법을 생각해 보라. 하나님께서 그들의 기질과 성격 안에 이미 지어 놓은 장점들을 위해 하나님께 찬양하고 그리고 자녀들의 약점을 위해서 기도하라.

팀으로서의 가족

가족은 일상적인 지붕을 공유한 여러 개인들의 모임이 아니라 똑같은 목적과 협조적인 계획으로 함께 묶여진 아주 가까운 하나의 옷 짜는

팀과 마찬가지라는 사실을 강조하지 않고 가족에 대한 토의를 결론 짓는다는 것은 불가능한 일이다. 물론 똑같은 목적은 그리스도를 영화롭게 하는 것이어야만 하고, 협조적인 계획은 가족이 개인적으로나 하나의 단위로써 그 목적을 최상으로 얻을 수 있는 방법들로 이루어져야 한다.

당신의 삶의 여러가지 영역, 즉 영적, 지적, 육체적, 사회적, 직업적, 재정적인 면을 깊이 생각해 보라. 그리고 이러한 영역들에 당신의 전 가족을 연결시킬 수 있는 방법들을 찾아보라.

예를 들어, 영적인 면에 있어서 당신은 어떻게 당신의 배우자와 자녀들을 당신과 같은 헌신적인 삶으로 끌어들일 수 있는가? 당신은 전 가족을 끌어들일 방법에 동참할 수 있는가?

삶의 육체적 영역에 있어서, 적어도 몇 명의 가족이 함께 즐길 수 있는 방법으로 운동하는 것이 가능한가? 나는 아침마다 아들들과 함께 가볍게 거리를 뛰는 사람들을 알고 있다. 나는 언젠가 어느 대변인이 그의 가장 좋아하는 스포츠 중의 하나가 시간을 너무 많이 빼앗아서 가족들과 함께 하는 시간들을 방해하기 때문에 그것을 포기했다는 말을 들은 적이 있다. 대신에 그는 가족 모두가 함께 할 수 있고 그러는 동안 교제를 나눌 수 있는 운동으로 바꾸었다.

당신의 삶의 사회적 영역을 생각해 볼 때, 당신은 모범적인 훌륭한 그리스도인들을 가정으로 초대하고, 그리고 자녀들을 그들과 사귀도록 할 것인가? 당신은 가족처럼 함께 기도할 수 있는 친구들이 있는가?

결 어

우리의 가정은 커다란 축복이자 커다란 책임이다. 우리는 결혼과 자녀에 대한 결정을 신중하게 고려해야 한다. 우리의 가족 관계를 계발시키기 위해 필요한 시간과 정력을 마련해야 한다. 우리는 가족들과 즐겨야 한다.

이 장을 마치기 전에 당신에게 특별히 의미있고 적용할 수 있는 개념들을 적어두라.

참고 도서

- Bok, Lois and Working Miji. 행복은 가족과 함께 시간을 보내는 것 (*Happiness Is a Family Time Together*). Old Tappan, New Jersey : Fleming H. Revell Co., 1975.

- Brandt, Henry and Landrum, Phil. 나의 결혼이 더욱 안정되길 원한다(*I Want My Marriage to Be Better*). Grand Rapids : Zondervan Publishing House, 1976.

- Cooper, Darien B. 당신도 행복한 남편의 아내가 될 수 있다(*You Can Be the Wife of a Happy Husband*). Wheaton : Victor Books, 1974.

- Dobson, James. 자녀 훈계와 사랑(*Dare to Discipline*) Wheaton : Tyndale House Publishers, 1970. 한글판, 생명의 말씀사, 1979.

- Dodson, Fitzhugh. 부모가 되는 방법(*How to Parent*). New York : American Library, 1973.

- Hendricks, Howard G. 우리 집은 천국(*Heaven Help the Home*). Wheaton : Victor Books, 1974. 한글판, 생명의 말씀사. 1982.

- Hendricks, Howard G. "Marriage : Communication or Chaos." Cassette tapes : Here's Life Publishers, Campus Crusade for Christ, San Bernardino, California 92414.

- MacDonald, Gordon. 영향력 있는 아버지(*Effective Father*). Wheaton : Tyndale House Publishers, 1977.

- Schaeffer, Edith. 가정이란 무엇인가? (*What is a Family?*) Old Tappan, New Jersey : Fleming H. Revel Co., 1975. 한글판, 생명의 말씀사, 1981.

- Wheat, Ed and Gaye. 의도된 즐거움(*Intended for Pleasure*). Old Tappan, New Jerseay : Fleming H. Revell Co., 1977.

- Wright, H. Norman. 교제-결혼의 열쇠(*Communication : Key to Your Marriage*). Glendale, California : Regal Books Division, G/L Publications, 1974.

제 18 장

결   어

　제 2부에서 우리는 당신 자신을 관리하는 보다 깊은 개념에 대해 토의하였다. 그것들이 당신의 활동의 새로운 수준과 복잡함 속에서 당신에게 특별히 도움이 된다면 나는 당신이 그것들을 이용할 것으로 믿는다. 나는 하나의 새로운 아이디어가 어떤 주어진 시간에 나의 효율성을 크게 증가시킨다는 것을 자주 경험한 바 있다. 당신이 어떤 사업을 시작할 때, 시간을 절약하고 효율성을 증가시키는 아이디어를 위한 관련 장들을 확인할 수 있도록 이 책 전체를 참고서로 이용하라.
　이 결론의 장에서, 나는 개인 관리의 몇 가지 주요 사항들을 다시 기억나게 하여 당신이 그것을 적용하도록 격려하고 싶다.
　당신을 위한 하나님의 지혜를 이해하고 그 분이 당신에게 요청하는 것을 수행할 힘을 얻기 위하여 날마다 그 분과 동행하라. 고백되지 않은 죄를 쌓아 두지 말라. 하나님과의 교제와 그 분의 지속적인 인도에 따른 위로를 즐기라. 이러한 동행은 당신 자신을 관리하는 어떤 다른 것보다도 중요하다.
　하나님은 당신을 위한 계획을 가지고 계시다. 그 분이 이 시간에 나타내고 싶어하는 만큼의 것을 아는 것은 얼마나 중요한가? 목표 없는 삶은 실패와 좌절로 운명지워진 삶이다.
　시간에 민감하라. 그것은 하나님이 당신에게 주신 대단히 귀중한 자원이다. 당신이 그것을 가치 없는 무엇인가에 써버린 이상, 그것을 반환받을 수 없다. 우선 순위가 무엇인가를 알고 그리고 나서 그것을 힘써 행하라.

당신이 계속해서 우선 순위에 따라 행할 수 있도록 하나님의 도움을 구하라. 즐거운 인생이란 즐거운 순간, 시간 그리고 날들로 이루어진다.

하나님께서 당신의 삶 속에서 이러한 자질을 향상시킬 때, 훈련받는 것을 두려워 말라. 처음으로 새로운 활동을 시작하고 마침내 그것을 습관으로 만들고자 하는 기꺼운 마음 없이 그리스도인으로서 성장한다는 것은 가능한 일이 아니다.

날마다의 삶 속에서 당신의 삶이 통제 아래 있다고 느끼며, 하나님의 인도에 따라 당신은 당신을 위한 하나님의 목표를 향해 훨씬 생산적인 활동들을 선택하고 그것에 집착할 수 있는 그러한 점을 얻는 데 힘쓰라.

당신 자신을 너무 내세우지 말라. 결과적으로 당신은 하나님과의 동행, 당신의 건강, 마음의 평안 또는 가족 등을 우선 순위에 있어서 중요한 것으로 여기게 된다. 당신을 향한 하나님의 부르심은 성경적 우선 순위와 분리되는 것이 아니다. 내가 점차적으로 나 자신을 관리해 나갈 때 이전보다 더 잘 하나님과 동행하고, 더 좋은 건강, 더 나은 마음의 평강, 아내와의 더 좋은 관계 그리고 동시에 일하는 데에 커다란 효율을 얻을 수 있음을 알게 되었다.

기도를 쉬지 말고, 계속해서 당신이 무엇을 하고 있는가, 그리고 당신 주위에서 무엇이 일어나고 있는가를 생각하라. 당신이 행하는 그 순간은 정신적으로는 죽기 시작하는 순간이다. 내가 당신과 함께 지금까지 나누었던 많은 이야기들은 스스로 질문을 하고 다른 사람들에게도 질문하는, 삶의 스타일의 직접적인 결과이다. 당신이 문제에 직면할 때에 기도하는 가운데 창조적인 생각을 갖도록 노력하라.

마지막으로 당신을 위한 나의 기도는, 하나님께서 결코 당신의 일을 당신의 삶을 위한 최상의 것 보다 덜한 어떤 것으로 해결하지 않을 것이라는 것이다.

참고 도서

- Alexander, John W. 그리스도인의 사역의 자세(*Managing Our Work*). Downers Grove, Illinois : Inter-Varsity Press, 1972. 한글판, 생명의 말씀사, 1983.

- Cook, William H. 성공, 동기부여와 성경(*Success, Motivation and the Scriptures*). Nashville : Broadman Press, 1974.

- Dayton, Edward R. 시간 관리를 위한 도구(*Tools for Time Management*). Grand Rapids : Zondervan Publishing House, 1974.

- Dayton, Edward R. and Engstrom, Ted W. 삶의 전략(*Strategy for Living*). Glendale, California : Regal Books, 1976.

- Douglass, Stephen B. and Cook, Bruce E. 관리의 직무(*The Ministry of Management*). San Bernardino, California : Campus Crusade for Christ, 1972.

- Eims, Leroy. 당신이 의도했던 지도자가 되라(*Be the Leader You Were Meant to Be*). Wheaton : Victor Books Division, SP Publications, Inc., 1976.

- Engstrom, Ted W. and Mackenzie, R. Alec. 당신의 시간 관리(*Managing Your Time*). Grand Rapids : Zondervan Publishing House, 1967.

- Hummel, Charles E. 긴급시의 폭력(*Tyranny of the Urgent*). Downers Grove : Inter-Varsity Press, 1967.

- Lakein, Alan, 당신의 삶과 시간을 조절하는 법(*How to Get Control of Your Time and Your Life*). Peter H. Wyden, Inc., 1973.

- Mackenzie, R. Alec. 시간의 함정(*The Time Trap*). New York : McGraw-Hill, 1972.

- Sanders, J. Oswald. 영적 지도력(*Spiritual Leadership*). Chicago : Moody Press, 1967.

"이 땅에 푸르고 푸른
그리스도의 계절이
오게 하자!"

순(筍)출판사는
주님의 지상명령 성취와 한국 교회를
섬기기 위한 C.C.C.(한국대학생선교회)의
문서사역을 감당하고 있습니다.

그리스도인의 자기관리

© 순출판사 1989

1989년 12월 10일 초판 발행
2008년 10월 23일 초판 15쇄 발행
글쓴이 : 스테펀 더글라스
펴낸이 : 전 효 심
펴낸곳 : 순(筍)출판사

주소: 서울시 서대문구 홍제 4동 215번지
전화: 02)722-6931~2, 팩스: 02)722-6933

천리안: cccnews
한국 C.C.C. 인터넷: http://www.kccc.org
등록: ® 제 1-2464호
등록년월일: 1999.3.15

값 7,000원

※잘못 만들어진 책은 바꿔 드립니다.
본서의 판권은 순출판사에 있습니다. 무단 전재 및 복제를 금지합니다.

ISBN 89-389-0052-5